四特 教育系列丛书 SITE JIAOYUXILIECONGSHU

锻炼学生观察力
的智力游戏策划

《"四特"教育系列丛书》编委会　编著

吉林出版集团股份有限公司
全国百佳图书出版单位

图书在版编目 (CIP) 数据

锻炼学生观察力的智力游戏策划 /《"四特"教育系列丛书》编委会编著 . —长春：吉林出版集团股份有限公司，2012.4

（"四特"教育系列丛书 / 庄文中等主编 . 学校体育竞赛与智力游戏活动策划）

ISBN 978-7-5463-8618-8

Ⅰ. ①锻… Ⅱ . ①四… Ⅲ . ①智力读戏－青年读物②智力游戏－少年读物 Ⅳ . ① G898.2

中国版本图书馆 CIP 数据核字（2012）第 041984 号

锻炼学生观察力的智力游戏策划

DUANLIAN XUESHENG GUANCHALI DE ZHILI YOUXI CEHUA

出 版 人	吴　强	
责任编辑	朱子玉　杨　帆	
开　　本	690mm×960mm　1/16	
字　　数	250 千字	
印　　张	13	
版　　次	2012 年 4 月第 1 版	
印　　次	2023 年 2 月第 3 次印刷	

出　　版	吉林出版集团股份有限公司
发　　行	吉林音像出版社有限责任公司
地　　址	长春市南关区福祉大路 5788 号
电　　话	0431-81629667
印　　刷	三河市燕春印务有限公司

ISBN 978-7-5463-8618-8　　　　　　定价：39.80 元

前　言

　　学校教育是个人一生中所受教育的最重要组成部分，个人在学校里接受计划性的指导，系统地学习文化知识、社会规范、道德准则和价值观念。学校教育从某种意义上讲，决定着个人社会化的水平和性质，是个体社会化的重要基地。知识经济时代要求社会尊师重教，学校教育越来越受重视，在社会中起到举足轻重的作用。

　　"四特教育系列丛书"以"特定对象、特别对待、特殊方法、特例分析"为宗旨，立足学校教育与管理，理论结合实践，集多位教育界专家、学者以及一线校长、老师们的教育成果与经验于一体，围绕困扰学校、领导、教师、学生的教育难题，集思广益，多方借鉴，力求全面彻底解决。

　　本辑为"四特教育系列丛书"之《学校体育竞赛与智力游戏活动策划》。

　　学校体育运动会是学校教育教学工作的一个重要组成部分，是体育活动中的一个重要内容。它不仅可以增强学生的体质，同时，也可以增强自身的意志和毅力，并在思想品质的教育上，发挥不可替代的作用。学校通过举办体育运动会，对推动学校体育的开展，检查学校的体育教学工作，提高体育教学、体育锻炼与课余体育训练质量和进行学校精神文明建设等都具有重要的意义。本书旨在普及体育运动的知识，充分调动广大青少年学生参与体育活动的积极性，内容包括学校体育运动会各个单项的竞赛与裁判知识等内容，具有很强的系统性、实用性、实践性和指导性。

　　将智力和游戏结合起来，通过游戏活动达到大脑锻炼的目的，是恢复疲劳、增强脑力、重塑脑功能结构的主要方式，是智力培养的重要措施。

　　青少年的大脑正处于发育阶段，具有很大的塑造性，通过智力游戏活动，能够培养和开发大脑的智能。特别是广大青少年都具有巨大的学习压力，智力游戏活动则能够使他们在轻松愉快的情况下，既完成繁重的学业任务，又能提高智商和情商水平，可以说是真正的素质教育。为了使广大青少年在玩中学习，在乐中提高，我们根据青少年的生理、心理特点，特别编写这套书。我们采用做游戏、讲故事等方法，让广大青少年思考问题，解决难题，并在玩乐的过程中，循序渐进地提高智商和开发智力，达到学习与娱乐双丰收的效果。

　　本辑共20分册，具体内容如下：

　　1.《团体球类运动竞赛》

　　学校体育运动的目的是调动学生活动的兴趣，提高学生参加体育运动和各种活动的积极性和参与率，让学生在运动中才能体会到参与的快乐。本书就学校团体球类运动的竞赛与裁判问题进行了系统而深入的阐述，使学生掌握组织团体球类竞赛的方法体例科学，内容全面，具有很强的系统性、实用性、实践性和指导性。

2.《小型球类运动竞赛》

小型球类运动竞赛包括排球、羽毛球和乒乓球等比赛。学校体育运动的目的是调动学生活动的兴趣,提高学生参加体育运动和各种活动的积极性和参与率,让学生在运动中才能体会到参与的快乐。小型球类运动竞赛包括排球、羽毛球和乒乓球等比赛。本书就学校个人球类运动的竞赛与裁判问题进行了系统而深入的阐述,体例科学,内容全面,具有很强的系统性、实用性、实践性和指导性。

3.《跑走跨类田径竞赛》

学校体育运动的目的是调动学生活动的兴趣,提高学生参加体育运动和各种活动的积极性和参与率,让学生在运动中才能体会到参与的快乐。跑走跨类田径竞赛包括长短跑、跨栏跑和竞走等项目比赛。本书就学校跑走跨类田径运动的竞赛与裁判问题进行了系统而深入的阐述,体例科学,内容全面,具有很强的系统性、实用性、实践性和指导性。

4.《跳跃投掷类田径竞赛》

长期来,在技术较为复杂的非周期性田径项目的教学中,一般都采用以分解为主的教学法。这种教学法,教学手段繁琐,教学过程复杂,容易产生技术的割裂和停顿现象,特别是与现代跳跃和投掷技术的快速和连贯性有着明显的矛盾。因此,它对当前进一步提高教学质量产生十分不利的影响。本书就学校跳跃投掷类田径运动的竞赛与裁判问题进行了系统而深入的阐述,体例科学,内容全面,具有很强的系统性、实用性、实践性和指导性。

5.《体操运动竞赛》

竞技性体操包括竞技体操、艺术体操、健美操、技巧、蹦床五项运动。其中,竞技体操男子项目有自由体操、鞍马、吊环、跳马、双杠、单杠六项,女子项目有跳马、高低杠、平衡木、自由体操四项。本书就学校竞技体操运动的竞赛与裁判问题进行了系统而深入的阐述,体例科学,内容全面,具有很强的系统性、实用性、实践性和指导性。

6.《趣味球类竞赛》

学校体育运动的目的是调动学生活动的兴趣,提高学生参加体育运动和各种活动的积极性和参与率,让学生在运动中才能体会到参与的快乐。本书就学校趣味球类竞赛项目运动的竞赛与裁判问题进行了系统而深入的阐述,体例科学,内容全面,具有很强的系统性、实用性、实践性和指导性。

7.《水上运动竞赛》

水上运动包含五个项目:游泳,帆船,赛艇,皮划艇,水球。本书就学校水上运动的竞赛与裁判问题进行了系统而深入的阐述,体例科学,内容全面,具有很强的系统性、实用性、实践性和指导性。

8.《室内外运动竞赛》

室内运动栏目包括瑜伽、拉丁、肚皮舞、普拉提、健美操、踏板操、舍宾、跆拳道等,户外运动栏目包括攀岩登山,动感单车,潜水游泳,球类运动等。本书就学校室内外运动的竞赛与裁判问题进行了系统而深入的阐述,体例科学,内容全面,具有很强的系统性、实用性、实践性和指导性。

9.《冰雪运动竞赛》

冰雪运动主要包括冬季运动和轮滑运动训练、竞赛、医疗、科研、教学、健身、运动器材、冰雪旅游等。本书就学校冰雪运动的竞赛与裁判问题进行了系统而深入的阐述,体例科学,内容全面,具有很强的系统性、实用性、实践性和指导性。

10.《趣味运动竞赛》

趣味运动,是民间游戏的全新演绎,是集思广益的智慧创造,它的样式不同,内容各异。趣味运动会将"趣味"融于"团队"中,注重个人的奉献与集体的协作。随着中国经济文化的迅速发展,人们精神文化生活的丰富,趣味体育也有了更广阔的发展,成为一种新的时尚。本书就学校趣味运动的竞赛与裁判问题进行了系统而深入的阐述,体例科学,内容全面,具有很强的系统性、实用性、实践性和指导性。

11.《锻炼学生观察力的智力游戏策划》

发展观察力的游戏有"目测"、"寻找"、"发现"等。这些游戏可帮助学生加强观察的目的性、计划性,扩大观察范围,使孩子能更多、更清楚地感知事物。本书对锻炼学生观察力的智力游戏项目策划进行了系统而深入的阐述,体例科学,内容全面,具有很强的系统性、实用性、实践性和指导性。

12.《锻炼学生注意力的智力游戏策划》

注意力是儿童普遍存在的问题。他们在听课、做作业、看书、活动等事情上,往往不能集中注意力,也没有耐性。在人们的生活、学习和工作过程中,注意力起着非常重要的作用。有位教育专家说:注意力是学习的窗口,没有它,知识的阳光就照射不进来。本书对锻炼学生注意力的智力游戏项目策划进行了系统而深入的阐述,体例科学,内容全面,具有很强的系统性、实用性、实践性和指导性。

13.《锻炼学生记忆力的智力游戏策划》

记忆力游戏是一种主要依赖于个人记忆力来完成的单人或团体游戏。这类游戏的形式无论是现实或网络中都是非常多的,能否胜出本质上取决于个人的记忆力强弱,这也是一种心理学游戏。本书对锻炼学生记忆力的智力游戏项目策划进行了系统而深入的阐述,体例科学,内容全面,具有很强的系统性、实用性、实践性和指导性。

14.《锻炼学生思维力的智力游戏策划》

这是一本不可思议的挑战人类思维的奇书,全世界聪明人都在做。在这本书里,你会找到极其复杂的,也是非常简单的推理问题,让人迷惑不解的图形难题,需要横向思维的难题和由词语、数字组成的纵横字谜,以及大量的包含图片、词语或数字,或者三者兼有的难题,令你绞尽脑汁,晕头转向! 现在,你需要的是一支铅笔和一个安静的角落,请尽情享受解题的乐趣吧!

15.《锻炼学生想象力的智力游戏策划》

学校的智力游戏活动主要是锻炼学生认识、理解客观事物并运用知识、经验等解决问题的能力,它是直接为学生提高学习能力而服务的,也是学生学习知识的实践运用,它不仅具有趣味性,更具有娱乐性。本书对锻炼学生想象力的智力游戏项目策划进行了系统而深入的阐述,体例科学,内容全面,具有很强的系统性、实用性、实践性和指导性。

16.《锻炼学生表达力的智力游戏策划》

语言表达能力是现代人才必备的基本素质之一。在现代社会,由于经济的迅猛发展,人们之间的交往日益频繁,语言表达能力的重要性也日益增强,好口才越来越被认为是现代人所应具有的必备能力。本书从大量的益智游戏中精选了一些能提高青少年记忆力的思维游戏,为广大读者提供一个检视自身思维结构,全面解码知识、融通知识、锻炼思维的自我训练平台。

17.《锻炼学生学习力的智力游戏策划》

学校的智力游戏活动主要是锻炼学生认识、理解客观事物并运用知识、经验等解决问题的能力,它是直接为学生提高学习能力而服务的,也是学生学习知识的实践运用,它不仅具有趣味性,更具有娱乐性。本书对锻炼学生学习力的智力游戏项目策划进行了系统而深入的阐述,在游戏中培养孩子的学习能力。体例科学,内容全面,具有很强的系统性、实用性、实践性和指导性。

18.《锻炼学生空间力的智力游戏策划》

学校的智力游戏活动主要是锻炼学生认识、理解客观事物并运用知识、经验等解决问题的能力,它是直接为学生提高学习能力而服务的,也是学生学习知识的实践运用,它不仅具有趣味性,更具有娱乐性。本书对锻炼学生空间力的智力游戏项目策划进行了系统而深入的阐述,体例科学,内容全面,具有很强的系统性、实用性、实践性和指导性。

19.《锻炼学生实践力的智力游戏策划》

社会实践即通常意义上的假期实习,对于在校大学生具有加深对本专业的了解、确认适合的职业、为向职场过渡做准备、增强就业竞争优势等多方面意义。也有些学生希望趁暑假打份零工,积攒一份私房钱。本书对社会锻炼学生实践力的智力游戏项目策划进行了系统而深入的阐述,体例科学,内容全面,具有很强的系统性、实用性、实践性和指导性。

20.《锻炼学生创造力的智力游戏策划》

本书对创造能力的培养进行研究,包括创造力的认识误区、创造力生成的基本理论、创造力的提升、管理者应具备的技能等,同时针对学生设计的游戏形式来进行创造力的训练。其实,想要激发孩子的创造力,你不必在家里放上昂贵的玩具和娱乐设施。一些简单的活动,比如和宝宝玩拍手游戏,或者和孩子一起编故事,所有这些都能让孩子进入有创意的世界。本书对锻炼学生创造力的智力游戏项目策划进行了系统而深入的阐述,体例科学,内容全面,具有很强的系统性、实用性、实践性和指导性。

由于时间、经验的关系,本书在编写等方面,必定存在不足和错误之处,衷心希望各界读者、一线教师及教育界人士批评指正。

编者

目　录

第一章　学生观察力的锻炼指导 ……………………… (1)

　1. 什么叫观察力 …………………………………… (2)

　2. 观察力的主要特点 ……………………………… (3)

　3. 观察的巨大作用 ………………………………… (6)

　4. 怎样提高观察力 ………………………………… (8)

　5. 培养观察力的方法 ……………………………… (13)

　6. 训练观察力的步骤 ……………………………… (14)

　7. 锻炼观察力的技巧 ……………………………… (17)

　8. 观察在学习中的运用 …………………………… (19)

　9. 观察力的测试 …………………………………… (20)

第二章　学生观察力的锻炼游戏 ……………………… (21)

　1. 如何将两种杯子分开 …………………………… (22)

　2. 钱为什么会少 …………………………………… (22)

　3. 测高楼的高度 …………………………………… (22)

　4. 观察数字 ………………………………………… (23)

　5. 切西瓜 …………………………………………… (23)

　6. 九宫阵 …………………………………………… (23)

　7. 天秤称木料 ……………………………………… (24)

　8. 刻字单价 ………………………………………… (24)

1

9. 货车过桥洞 ……………………………………（24）

10. 观察数字 ……………………………………（25）

11. 倒水 …………………………………………（25）

12. 观察字母 ……………………………………（25）

13. 不同的图 ……………………………………（25）

14. 黑白珠子 ……………………………………（26）

15. 找图形 ………………………………………（26）

16. 分辨金球和铅球 ……………………………（26）

17. 分辨硬币 ……………………………………（26）

18. 移火柴 ………………………………………（27）

19. 巧排队列 ……………………………………（27）

20. 观察数字 ……………………………………（27）

21. 旋转梯形 ……………………………………（27）

22. 区分图形 ……………………………………（28）

23. 黑色珠子有多少 ……………………………（28）

24. 观察字母 ……………………………………（28）

25. 测测你的观察力 ……………………………（29）

26. 这个数字是多少 ……………………………（29）

27. 水有一半吗 …………………………………（29）

28. 密码游戏 ……………………………………（30）

29. 填后续 ………………………………………（30）

30. 出错的程序操控 ……………………………（30）

31. 下一行数字是多少 …………………………（31）

32. 第十个数是多少 ……………………………（31）

33. 猴子的主意 …………………………………（31）

34. 吊在梁上的人 ………………………………（32）

35. 这个三位数是多少 …………………………（32）

36. 球的位置在哪里 ……………………………（33）

37. 你会填吗 ……………………………………（33）

38. D 代表多少 ……………………………… (34)

39. 小勇会说什么 …………………………… (34)

40. 猜字母 …………………………………… (34)

41. 巧接电话线 ……………………………… (35)

42. 小童倒酒 ………………………………… (35)

43. 盗县印 …………………………………… (36)

44. 十个字 …………………………………… (37)

45. 一块破石头 ……………………………… (37)

46. 避雨 ……………………………………… (39)

47. 诡辩树名 ………………………………… (40)

48. 巧取鱼钩 ………………………………… (40)

49. 大海捞炮 ………………………………… (41)

50. 不打自招 ………………………………… (42)

51. 小孩无腰 ………………………………… (42)

52. 书面形式 ………………………………… (42)

53. 惩凶 ……………………………………… (43)

54. 雄雁救侣 ………………………………… (43)

55. 撞人逃跑 ………………………………… (44)

56. 糊涂的侦探 ……………………………… (44)

57. 被识破的伎俩 …………………………… (45)

58. 领带是凶器 ……………………………… (45)

59. 火灾与猫 ………………………………… (49)

60. 唐僧分冰淇淋 …………………………… (50)

61. 唐老鸭买果冻 …………………………… (50)

62. 波勃吃菠菜 ……………………………… (51)

63. 孙悟空追猪八戒 ………………………… (51)

64. 樱桃小丸子采蘑菇 ……………………… (52)

65. 孙悟空操练猴兵 ………………………… (52)

66. 宝树上的人参果 ………………………… (52)

67. 阿里巴巴装大金块 …………………………………（53）

68. 小猫乐米乐称蛋糕 …………………………………（53）

69. 姜太公钓大鱼 ………………………………………（54）

70. 如来佛祖的五指山 …………………………………（54）

71. 诸葛亮和周瑜比摸箭 ………………………………（55）

72. 一休巧妙算路程 ……………………………………（55）

73. 丑小鸭逛商店 ………………………………………（55）

74. 小阿凡提数手指 ……………………………………（56）

75. 小猫乐米乐卖鱼 ……………………………………（56）

76. 两家有多远 …………………………………………（57）

77. 难倒小狗史努比 ……………………………………（57）

78. 猪八戒算对了 ………………………………………（57）

79. 小猫乐米乐养的老鼠 ………………………………（58）

80. 大力水手波勃的力气 ………………………………（58）

81. 情意缠绵的报警电话 ………………………………（59）

82. 阿凡提的旅行路程 …………………………………（59）

83. 米老鼠给唐老鸭出题目 ……………………………（60）

84. 小熊威克多摘梨 ……………………………………（60）

85. 阿里巴巴卖香蕉 ……………………………………（60）

86. 一休预算订报人数 …………………………………（61）

87. 唐僧计算经书页码 …………………………………（61）

88. 唐僧耍赖 ……………………………………………（62）

89. 小猫乐米乐写字 ……………………………………（62）

90. 小东东换泡泡糖 ……………………………………（63）

91. 法海出怪题为难白蛇 ………………………………（63）

92. 阿里巴巴妙算数学家年龄 …………………………（63）

93. 包拯考学位的怪题 …………………………………（64）

94. 拿破仑操练敢死队员 ………………………………（64）

95. 孔融摘梨 ……………………………………………（65）

96. 曹冲算灌溉时间 …………………………… (65)

97. 张飞和关羽的年龄 ………………………… (66)

98. 乐毅长桥排兵点人数 ……………………… (66)

99. 刘备追张飞 ………………………………… (67)

100. 哪吒算对了吗 ……………………………… (67)

101. 孔子书架上的书 …………………………… (67)

102. 孔子给学生分桔子 ………………………… (68)

103. 牛顿数苹果 ………………………………… (68)

104. 高斯做数学 ………………………………… (69)

105. 鲁智深翻碗 ………………………………… (69)

106. 骆宾王巧算鹅重 …………………………… (69)

107. 苏东坡钓鱼 ………………………………… (70)

108. 岳飞妙算拔河比赛 ………………………… (70)

109. 唐伯虎借钱还钱 …………………………… (71)

110. 唐老鸭和米老鼠比赛 ……………………… (71)

111. 遗产分配 …………………………………… (71)

112. 岳飞分兵 …………………………………… (72)

113. 唐僧扫高塔 ………………………………… (72)

114. 原有多少斗酒 ……………………………… (72)

115. 关羽和张飞何时回来 ……………………… (73)

116. 阿里巴巴的酒量 …………………………… (73)

117. 嫦娥升天要几天 …………………………… (73)

118. 张飞卖肉亏多少 …………………………… (74)

119. 孔子智算冠军 ……………………………… (74)

120. 阿凡提养骆驼 ……………………………… (75)

121. 诸葛亮算曹兵 ……………………………… (75)

122. 孙膑与庞涓的智商 ………………………… (75)

123. 不留脚印的凶手 …………………………… (76)

124. 杜甫买鹅 …………………………………… (76)

125. 东施脸上的痣 …………………………………… （77）

126. 杨贵妃的浴池水 …………………………………… （77）

127. 曹操数兵器 …………………………………… （78）

128. 成吉思汗测试士兵 …………………………………… （78）

129. 骆宾王养鹅 …………………………………… （79）

130. 刘邦和项羽划分地盘 …………………………………… （79）

131. 李白写了多少诗 …………………………………… （79）

132. 诸葛亮考刘备 …………………………………… （80）

133. 李白和杜甫比报数 …………………………………… （80）

134. 韩信巧算面积 …………………………………… （81）

135. 乾隆皇帝的卫士 …………………………………… （81）

136. 岳飞杀敌多少名 …………………………………… （81）

137. 各带多少支箭 …………………………………… （82）

138. 阿里巴巴是赚还是亏 …………………………………… （82）

139. 高斯节省木料 …………………………………… （83）

140. 司马懿假装不知数 …………………………………… （83）

141. 大力水手波勃排列面包 …………………………………… （83）

142. 祖冲之算菱形边长 …………………………………… （84）

143. 数学家死于哪一年 …………………………………… （84）

144. 李逵借斧头 …………………………………… （85）

145. 小西西买大西瓜 …………………………………… （85）

146. 关羽和张飞赛跑 …………………………………… （85）

147. 唐老鸭发明新自行车 …………………………………… （86）

148. 孔子卖书 …………………………………… （86）

149. 小东东坐火车 …………………………………… （87）

150. 小猫乐米乐折馅饼 …………………………………… （87）

151. 小数学家和大数学家的较量 …………………………………… （87）

152. 赵子龙和曹兵交战 …………………………………… （88）

153. 李逵打猎 …………………………………… （88）

154. 诸葛亮借兵器 ·············· （88）

155. 小东东数骆驼 ·············· （89）

156. 阿里巴巴开餐馆 ············· （89）

157. 刘备奖励多少人 ············· （89）

158. 杨志卖了多少刀 ············· （90）

159. 武松、李逵、林冲喝酒分肉 ····· （90）

160. 曹操的试题如何算 ··········· （90）

161. 阿凡提占阿里巴巴的便宜 ······ （91）

162. 唐老鸭减肥后有多重 ········· （91）

163. 小熊威克多喂鸡 ············· （91）

164. 当车 ····················· （92）

165. 巧设电梯 ················· （92）

166. 花了多少钱 ··············· （93）

167. 连衣裙的价格 ············· （93）

168. 谁最后离开 ··············· （93）

169. 管仲买鹿 ················· （94）

170. 小白兔摸黑装信 ··········· （950）

171. 准确的判断 ··············· （95）

172. 有奖摸乒乓 ··············· （95）

173. 苹果、梨、菠萝巧搭配 ······· （96）

174. 贺年卡的价钱 ············· （96）

175. 巧妙回答爸爸 ············· （96）

176. 多出几个洞 ··············· （97）

177. 动物游乐园怎样走 ········· （97）

178. 有折痕的四边形 ··········· （97）

179. 巧妙过河 ················· （98）

180. 男生女生是多少 ··········· （98）

181. 三个人抬两根树 ··········· （98）

182. 橡皮筋捆铅笔 ············· （99）

183. 破碟子的重心 ·················· （99）

184. 姐妹年龄谁最大 ·················· （99）

185. 男女同学多少个 ·················· （100）

186. 蜡烛难题怎么算 ·················· （100）

187. 苹果树上的苹果 ·················· （100）

188. 一盒粉笔有多重 ·················· （101）

189. 巧算登山的平均速度 ·················· （101）

190. 多少学生在赛跑 ·················· （102）

191. 不是三角形的旗 ·················· （102）

192. 篮球比赛多少分 ·················· （102）

193. 水中巧脱险 ·················· （103）

194. 怎样找猪娃娃 ·················· （103）

195. 指头是多少 ·················· （103）

196. 树上有多少个苹果 ·················· （104）

197. 还剩几个梨子 ·················· （104）

198. 画圆又画方 ·················· （104）

199. 数数窗格 ·················· （105）

200. 一共打猎多少只 ·················· （105）

201. 巧算车牌号码 ·················· （106）

202. 千军万马是多少 ·················· （106）

203. 巧带钢坯 ·················· （106）

204. 水池共有几桶水 ·················· （107）

205. 小狗跑了多远 ·················· （107）

206. 奇瓶的容积 ·················· （107）

207. 有多少本书 ·················· （108）

208. 两个数字的意思 ·················· （108）

209. 题目出错了吗 ·················· （109）

210. 吃了多少鸡蛋 ·················· （109）

211. 怎么回家 ·················· （109）

212. 难住教授 ················ （110）

213. 成绩弄错了 ············· （110）

214. 8刀切多少块 ············ （111）

215. 神奇的刀法 ············· （111）

216. 简单分骆驼 ············· （112）

217. 猪八戒吃馒头 ·········· （112）

218. 胜过冠军 ··············· （112）

219. 种树比赛 ··············· （113）

220. 飞机与火箭 ············· （113）

221. 怎样量醋和油 ·········· （114）

222. 锯钢管要多久 ·········· （114）

223. 小猴爬梯子多少级 ······ （114）

224. 真的父母偏心吗 ········ （115）

225. 迪斯尼乐园玩游戏 ······ （115）

226. 人数固定的村落 ········ （115）

227. 6198 ···················· （116）

228. 缺秤砣 ················· （116）

229. 智猜电话号码 ·········· （117）

230. 一大碗香茶 ············· （117）

231. 暗查 ···················· （118）

232. 借东西 ················· （118）

233. 需要多少只猫 ·········· （119）

234. 自鸣钟敲响 ············· （119）

235. 占美追珍妮 ············· （119）

236. 分苹果不许切 ·········· （120）

237. 揪出偷鱼贼 ············· （120）

238. 4个4等于多少 ········· （120）

239. 鸡鸭各多少 ············· （121）

240. 上楼的时间 ············· （121）

241. 哪个流得快 ···················· （122）

242. 鸡蛋放进杯 ···················· （122）

243. 车上的乘客 ···················· （122）

244. 梯子有几级 ···················· （123）

245. 如何过关卡 ···················· （123）

246. 几个馒头 ······················ （123）

247. 能用的子弹 ···················· （124）

248. 谁先发觉 ······················ （124）

249. 何时一起返回 ·················· （124）

250. 谁先返回 ······················ （125）

251. 智搬枕木 ······················ （125）

252. 巧算年龄 ······················ （125）

253. 能否拉起自己 ·················· （126）

254. 数水果 ························ （126）

255. 桶和油怎么分 ·················· （127）

256. 猫狗吃肉 ······················ （127）

257. 汽车行了多少里 ················ （127）

258. 延长 30 秒 ···················· （128）

259. 巧妙避雨 ······················ （128）

260. 列车有多长 ···················· （128）

261. 鸡蛋没摔坏 ···················· （128）

262. 多少人得奖 ···················· （129）

263. 男孩和女孩 ···················· （129）

264. 巧切蛋糕 ······················ （130）

265. 还有几个角 ···················· （130）

266. 智猜蚕豆 ······················ （130）

267. 国王的士兵 ···················· （131）

268. 谁先拿到宝剑 ·················· （131）

269. 计算 ·························· （132）

270. 奶奶买回几个鸡蛋 ……………………… (132)

271. 仓库有多少吨原料 ……………………… (132)

272. 西瓜原来有多少克 ……………………… (132)

273. 正确的答案是多少 ……………………… (133)

274. 猜猜馒头的数量 ………………………… (133)

275. 两桶油原来有多少千克 ………………… (133)

276. 小芳有多少本书 ………………………… (133)

277. 搬砖 ……………………………………… (134)

278. 求正确答案 ……………………………… (134)

279. 共有几个萝卜 …………………………… (134)

280. 猩猩分香蕉 ……………………………… (135)

281. 抓牌游戏 ………………………………… (135)

282. 他为什么知道 …………………………… (135)

283. 甲乙丙有多少个芒果 …………………… (136)

284. 毛毛虫的成长期限 ……………………… (136)

285. 口袋里有多少钱 ………………………… (136)

286. 如何报数 ………………………………… (137)

287. 巧玩火柴 ………………………………… (137)

288. 穷人梦想发财 …………………………… (137)

289. 货场有多少吨炭 ………………………… (138)

290. 幽灵杀手 ………………………………… (138)

291. 追捕逃狱犯 ……………………………… (139)

292. 沙丘杀人 ………………………………… (139)

293. 毒蘑菇杀人事件 ………………………… (141)

294. 名侦探,宫本武藏 ……………………… (142)

295. 看不见的证据 …………………………… (143)

296. 真假夫妻 ………………………………… (144)

297. 秘密接头 ………………………………… (144)

298. 夕阳告诉我 ……………………………… (145)

299. 名画失踪案 ················· （145）

300. 谜样的绑票犯 ··············· （146）

301. 一对经济合伙人 ············· （147）

302. 她不是吸血鬼 ··············· （147）

303. 大脚男人 ··················· （148）

304. 喝苦药的考验 ··············· （148）

305. 绳子是帮凶 ················· （149）

306. 不可思议的宴会 ············· （149）

307. 一场不在现场的戏 ··········· （150）

308. 遗产安然无恙 ··············· （151）

309. 火柴棍之谜 ················· （152）

310. 满船财宝 ··················· （152）

311. 幽灵人 ····················· （154）

312. 夏夜的怪盗 ················· （155）

313. 证据何在 ··················· （156）

314. 运钞车失窃案 ··············· （156）

315. 越狱的囚犯 ················· （157）

附：答案 ························· （158）

第一章

学生观察力的锻炼指导

1. 什么叫观察力

观察力是人类智力结构的重要基础，是思维的起点，是聪明大脑的"眼睛"，所以有人说："思维是核心，观察是入门"。

首先，我们知道，一个正常人从外界接触到的信息有百分之八十以上都是通过视觉和听觉的通道传入大脑，通过观察获得的，没有观察，智力发展就好像树木生长没有了土壤、江河湖海没有了水的源头一样，失去了根本。

其次，观察力的发展离不开思维的进步，而思维是智力的核心。人们认识事物，都由观察开始，继而开始注意、记忆和思维。因而观察是认识的出发点，同时又借助于思维提高来发展优良的观察力。如果一个人的观察力低，那么他的记忆对象往往模糊而不确切、不突出，回忆过去感知过的事物时就常常模棱两可，记忆效果差。于是，在运用已有知识和经验进行分析和判断时就不能做到快速而准确，显得理不直、气不壮，综合分析和思维判断能力差，智力发展受影响，接下来，在以后的观察中，有效性、目的性、条理性差，观察效果不好，进一步影响思维的发展，形成不良循环。

再次，从生理和心理的角度来看，一个人如果生活在单调枯燥、缺乏刺激的环境中，观察机会少，就会使脑细胞比较多地处于抑制状态，大脑皮层发育较缓慢，智力显得相对落后。相反，如果一个人经常生活在丰富多彩、充满刺激的环境中，坚持经常到户外、野外去观察各种事物和现象，大脑皮层接受丰富刺激，经常处于兴奋活动状态，其大脑的发育就相对较好，智力也较发达。

众所周知，人的身心发展除了一定的遗传作用外，更多受环境和教育的影响。因此，要想拥有一个智慧的头脑，就应该勇敢地拓宽视野，敢于观察，善于观察，为自己的智力发展开启一扇明亮的"窗户"，为自己的大脑赋予一双"聪明的眼睛"！

2．观察力的主要特点

观察力的品质又称做观察力的特点。了解观察力的品质对提高智力有重要意义。

(1) 观察的目的性

一个人在进行感知时，如果没有明确的目的，那只能算是一般感知，不能称做观察。只有当那种感知活动具有明确的目的时，它才能算是观察。因此可以说，目的性是区分一般感知和观察力的重要特点之一。

观察的目的性，至少应当包括：明确观察对象、观察要求、观察的步骤和方法。而这些内容，可以在观察前的观察计划中以书面的形式写下来。一般地说，不论是长期的观察，系统的观察，还是短期的、零星的观察，都须制定观察计划。

观察的目的性，还要求我们在进行观察时，必须勤做记录。这种记录是我们保存第一手资料最可靠的手段。记录要力求系统全面，详尽具体，正确清楚，并持之以恒，贝弗里奇告诉我们："做详尽的笔记和绘图都是促进准确观察的宝贵方法。在记录科学的观察时，我们永远应该精益求精。"

实践证明，要做好观察记录，特别是长期的系统的观察记录（如观察日记），必须坚持到底，持之以恒。切忌为山九仞，功亏一篑。中国科学院副院长、气象学专家竺可桢在北京几十年如一日，对气候变化进行长期观察，从不间断。他每天都坚持测量气温、风向、温度等气象数据，直到逝世的前一天，为编写《中国物候学》积累了丰富的资料。

(2) 观察的条理性

观察是一种复杂而细致的艺术，不是随随便便，漫无条理地进行所能奏效的。观察必须全面系统，有条不紊地进行。长期的观察需要如此，短期的观察也需要如此。

一般来说，有这样几种方式。

第一，按事物出现的时间说，可以由先到后进行观察。

第二，按事物所处的空间说，可以由远及近或由近及远地进行观察。

第三，按事物本身的结构说，可以由外到内，也可以由内到外，或者由上到下，由左到右，可以由局部到整体，也可以由整体到局部进行观察。

第四，按事物外部特征说，可由大到小或者由小到大进行观察。

观察力的条理性，可以保证输入的信息具有系统性、条理性，而这样的信息，也就便于智力活动对它进行加工编码，从而提高活动的速度与正确性。如果一个人做事杂乱无章，那通过他所获得的信息也就必然是杂乱无章的。这样，他的智力活动要在一堆乱麻中理出一个头绪来，必然要花费较多的时间和精力，甚至还可能影响到智力活动的正确性。

(3) 观察的理解性

观察力包含两个必不可少的因素：一是感知因素（通常是视觉），二是思维因素。

思维参与观察力的主要作用，是它可以提高观察的理解性。理解可以使我们及时地把握观察到的客体的意义，从而提高我们对客体观察的迅速性、完整性、真实性和深刻性。

在观察过程中，运用基本的思维方法，对事物进行有效地比较、分类、分析、综合，找出它们之间的不同点和相同点，这样，就易于把握事物的特点。考察事物的各种特性、部分、方面以及由这些特性、部分、方面所联成的整体，就易于把握事物的整体和部分。

(4) 观察力的敏锐性

观察力的敏锐性指迅速而善于发现易被忽略的信息。科学家和发明家的可贵之处就在于此。牛顿根据苹果坠地发现了万有引力定律，瓦特根据水蒸气顶动壶盖发明了蒸汽机。在学习活动中，同学之间的观察力千差万别，同是一个问题，有的同学一眼就看出问题的要害和内在联系，有的同学则相反。敏锐性的高低是观察力高低的一个重要指标。

观察力的敏锐性与一个人的兴趣往往是密切相关的。不同的人在观察同一现象时，会根据自己的兴趣而注意到不同的事物。兴趣可以提高人们观察力的敏锐性，例如，同在乡野逗留，植物学家会敏锐地注意到各种不同的庄稼和野生植物；而一个动物学家则会注意到各种不同的家畜和野生动物。达尔文曾经谈到自己和一位同事在探测一个山谷时，如何对某些意外的现象视而不见："我们俩谁也没有看见周围奇妙的冰河现象的痕迹；我们没有注意到有明显痕迹的岩石，耸峙的巨砾……"显然，达尔文对各类生物的观察力是非常敏锐的，但对于地质现象却没有什么兴趣。

观察力的敏锐性是与一个人的知识经验密切相关的。一个知识渊博、经验丰富的人，他在错综复杂的大千世界中，自然容易观察到许多有意义的东西。相反，一个知识面狭窄、经验贫乏的人，他面对许多被观察的对象，总有应接不暇的感觉，结果什么都发现不了。当然，知识对观察的敏锐性还有消极作用。有些人常常凭借知识对一些事物进行主观臆断。歌德曾说过："我们见到的只是我们知道的。"

(5) 观察力的准确性

正确地获得与观察对象有关的信息。在观察过程中，不只是注意搜寻那些预期的事物，而且还要注意那些意外的情况。

其次，是对事物进行精确地观察：既能注意到事物比较明显的特征，又能觉察出事物比隐蔽的特征；既能观察事物的全过程，又能掌握事物的各个发展阶段的特点；既能综合地把握事物的整体，又能分别地考察事物的各个部分；既能发现事物相似之处，又能辨别它们之间的细微差别。

再次，搜寻每一细节。一个具有精确观察力品质的人，他在观察事物的过程中，就会避免那种简单的、传统的、老一套的方式，选择那种不寻常的、不符合正规的、复杂多变的创新方式，这往往是富有创造力的表现。例如，让被试者在 30 分钟之内用 22 种不同颜色、一寸见方的硬纸片，拼成 24 厘米长、33 厘米宽的镶嵌图案时，创造能力高的人通常尝试用 22 种颜色，而创造能力较平凡的人则趋于简单化，利用颜色的种类较少。不但如此，创造能力较高的人所拼的图案，近乎奇特，无规律，不美观，他们不愿意依样画葫芦，仿拼任何普通图形，而愿意大胆地独出心裁，标新立异，不怕冒险，宁愿向通俗的形、色挑战。

　　各种观察力的品质在学习活动中有各自不同的作用。观察的目的性是学习目的性的一个有机组成部分，它保证我们的学习能够按照一定的方向和目标进行。观察的条理性，是循序渐进地从事学习的不可缺少的心理条件，它有助于我们获得系统化的知识。观察力的理解性可以帮助我们在学习中对由观察而获得的知识的理解，不至于生吞活剥，囫囵吞枣。为了获得某些看来平淡无奇，实际上意义较大的知识就必须具有敏锐的观察力。精确性可以帮助我们对所得到的知识深刻准确地领会，不至于似是而非，以假乱真，错误百出，纵漏丛生。在学习中，我们必须把观察力的各种品质结合起来，按照预定的目标去获得系统的、理解的、深刻的、真实可靠的感性知识。

3. 观察的巨大作用

　　观察是人们认识世界、增长知识的主要手段，它在人们的一切实践活动中都具有非常重要的作用。观察力是智力活动的源泉和门户，人们通过观察，获得大量的感性材料，获得有关事物的鲜明而具体的印象，经思维活动的加工、提炼，上升到理性认识，从而促进智力的发展。达尔文曾对自己的工作做过这样的评价："我没有突出的理解力，也没有过人的机智，只是在觉察那些稍纵即逝的事物并对其进行精细观察的能力上，我可能在众人之上。"俄国伟大的生理学家巴甫洛夫在他实验室建筑物上刻着："观察、观察、再观察。"

观察是一种有计划、有目的、较持久的认识活动，科学研究、生产劳动、艺术创造、教育实践都需要对所面临的对象进行系统、周密、精确、审慎的观察，从而探寻出事物发展变化的规律。

翻开名人传记，不难发现，人类历史上，尤其是科学发展史上的成功人物大都具备优良的观察力：

意大利科学家伽利略，就是从观察教堂里铜吊灯的摇曳开始，经过实验研究，发现了摆的定时定律；伟大的生物学家、进化论的创始人达尔文从小热衷于观察动、植物，坚持二十年记观察日记，写出《物种起源》；

伟大物理学家牛顿从孩提时代起就喜欢对各种事物进行仔细观察，而且力图透过现象看本质，把不懂的地方彻底弄明白，狂风刮起时，人们都躲进屋里，牛顿却顶着沙石冲出门外，一会儿顺风前进，一会儿逆风行走，实地观察顺风与逆风的速度差；

英国发明家瓦特正是从对烧开的水顶动壶盖的观察中琢磨出蒸汽机的基本原理，而由此带来一场深刻的资本主义工业革命的；

我国明代名医李时珍幼年时就爱观察各种花卉、药草的生长过程，细致地观察它们如何抽条、长叶、开花，花草的每一处细微变化都逃不过他的眼睛。正由于这种观察细致的严谨作风，使他得以纠正古代药草书中的很多错误，而写出流百世的《本草纲目》……

通过诸如此类、数不胜数的实例，我们可以发现，多听、多看、锻炼感官、积累感性知识，是观察力得以发展的前提。观察的过程也恰恰是以感知为基础的，但并不是任何感知都可称为观察。真正的有效的观察过程既包含感知的因素，也包含思维的成分，如果在观察过程中不注意锻炼思维能力，那么观察也只是笼统、模糊和杂乱的，既不可能抓住事物的主要特征，更不可能作出科学的判断。

总之，靠自己的感官，有目的、有计划、主动地去感知，并且只有将感知与思维相结合，才是真正的观察；而这种观察现象、抓住本质的能力，才是真正的良好的观察力。

正因为在观察中思考、将思考与观察相结合，达尔文、牛顿等科学家们才真正抓住了那些别人眼中"稍纵即逝的事物",做出重大发现。

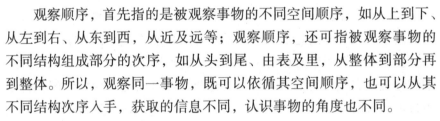

4. 怎样提高观察力

提高观察力的方法很多,具体可以分为以下几种:顺序转换法、求同找异法、追踪法、破案法、随感法、观察日记法、任务法、列项划勾法、个体差异法、中心单元法、边缘视觉法等。

(1) 顺序转换法

观察要得法,首先就得学会有计划、有次序的查看,从不同角度、不同顺序上去观察同一事物或用同一顺序观察不同事物,从而把握观察对象的整体和实质。

观察顺序,首先指的是被观察事物的不同空间顺序,如从上到下、从左到右、从东到西、从近及远等;观察顺序,还可指被观察事物的不同结构组成部分的次序,如从头到尾、由表及里,从整体到部分再到整体。所以,观察同一事物,既可以依循其空间顺序,也可以从其不同结构次序入手,获取的信息不同,认识事物的角度也不同。

比如:观察一尾金鱼,从整体顺序来看,其叶菱形,分为上头、中躯、下尾三个部分,鳃以前是头部,肛门以后是尾部,而鳃和肛门之间便是躯干。从局部结构来看,以头为例,其前端有口,两侧有鼓起的眼袋和眼睛,眼的前面有两个鼻孔,两侧还各有一片鳃盖,鳃盖后缘掩住鳃孔,能开合,与口的运动互相一致配合,让水不停地由口流入,由鳃排出,尾翼长,肚子大,颜色鲜艳。经过这种有顺序地有步骤观察,就可以获得一个完整、清晰的观察印象。

用不同顺序观察不同类事物,往往采用从整体到部分,再从部分到整体的顺序分析法。如观察街景、公园、山色等自然景象,多采用由近及远或由远及近的方位顺序法;而观察某一事件,则必须按照开头(起因)到中间(经过)再到结果的时间发展顺序。

（2）求同找异法

求同找异法就是认真观察和研究观察对象，找出其同类事物之间的异同，并分析其间的关系，其意义在于提高观察者的观察分析、思考、概括、归纳能力。例如对蜜蜂进行观察，必须会注意到蜜蜂那神奇的触角和善于舞蹈的多条脚，由此，引发出观察蚂蚁、蜗牛、蜘蛛、蜻蜓等动物的兴趣。在观察这些昆虫家族的秘密时，自会发现这些昆虫有的有触角，有的短而小，有的没有触角，有的昆虫有翅膀，有的有甲壳（如瓢虫），有的没有。通过这种求同找异法，比较同类事物之间的异同，进一步观察、进一步比较的积极性就会自然产生。

（3）**追踪法**

追踪法又可称为间断观察法，即在不同时间、不同条件下对同一事物进行间断地、反复地追踪观察，以了解事物的发展变化过程，掌握规律，而对类似情况作出准确分析和判断。比如，用一个月的时间观察月亮阴晴圆缺的情况。

追踪法的成功实施要靠注意力的长期稳定来实现，而注意力所指向的并不仅仅是观察活动这一事件本身，而更多是在所观察对象变化发展的规律。

因此，运用追踪法进行观察，不是囫囵吞枣，而是运用大脑，经过筛选、比较、分析，从而得出符合规律的客观认识。

（4）**破案法**

破案法就是从某一观察的现象、线索中的疑问之处入手，进行探索性的观察，分析找出问题的原因，发现解决问题的办法。

比如瓦特有一次看到暖瓶塞被顶开掉到地上了，他想，暖瓶塞子为什么会被冲开？是什么把它冲开的？它究竟有多大的冲力？带着这些问题，进一步观察、分析和实验，终于受此启发，瓦特发明了世界上第一台蒸汽机。

再如，有一个叫焦涤非的人，他念小学三年级时，一次其父带他到铁路边，平时很爱观察的焦涤非发现铁轨是一节一节连接在一起的，他想，为什么不用一根长长的铁轨却在连接处留下一道道缝子呢？于是他问父亲，其父答道："因为钢铁会热胀冷缩，如果用一根长长的铁轨或接头处不留缝隙，那么铁轨在炎热的夏天就会膨胀变形，七拱八弯的，若不信，你可以自己测量测量。"在父母的支持和帮助下，焦涤非通过观察测量发现，温度的变化很有规律：气温每下降11℃，间隙就增大一毫米。经过近一年的观察，他做了详细的观察记录，同时还写出了铁轨热胀冷缩的观察报告，获得了全国征文比赛优秀奖。更重要的是，通过这一年的观测活动，他不仅掌握了中学阶段的物理知识，而且大大增强了对观察和自然科学实验的兴趣。

（5）随感法

随感法是最简单，也最基本的观察积累手段。它的形式为随看随记，随想随记。它可长可短，字数不定，形式自由。例如，观察养蚕，随看随记，某年某月蛾卵由黄变黑。

某年某月某日，小蚕破壳而出。某月某日，第一次蜕皮。某月某日第二次蜕皮。某月蚕身由黑变白，某月某日，蚕身由白变亮。某月某日，开始吐丝织茧，某日茧成。某日茧破蛾出，某日雌雄蛾子交死，某日产卵。此时，如若翻开随记，就会发现自己拥有了第一手资料。

随感习惯的养成和巩固，可以丰富观察内容，提高观察兴趣。

（6）观察日记法

随着观察材料的不断积累和丰富，随感式摘记显得过于简单，这时就需要记写观察日记了。

世界著名生物学家达尔文从小就具有十分出色的观察力，这和他舅舅常鼓励他记观察日记是分不开的。当时，达尔文已经对自己搜集的标本做了一些简单记录，有的还附有简单插图，可是舅舅对他说，"只做摘记是不够的，要把你自己当作一个画家，但不是用颜色和线条，而是用文字。当你描述一种花，一种蝴蝶，一种苔藓的时候，你必须使别人能够根据你的描述立刻辨认出这种东西来。为了搞好科学研究，你必须进一步提高你的文字表达能力，要像莎士比亚那样用文字描绘世界、叙述历史、打动人心。"

我国古代地理学家徐霞客就是一个善于观察和坚持写观察日记的

科学家，他走遍我国的名山大川，仔细观察和考察，晚年他把自己的观察日记整理出来，终于留下了光辉的科学著作《徐霞客游记》。

（7）任务法

未经过训练的人在观察时，往往注意力不集中，东看看，西瞧瞧，容易受不相干事物的干扰，忘记了观察目的。因此，在观察训练的初期，在观察活动之前，应适时地给自己或训练对象提出一些要求，下达一定的任务，确立一定的观察目的，使观察有计划地进行。如观察对象有什么特征，周围的环境怎么样，有什么变化等等。

任务法是比较常用和易行的方法，它有利于观察计划的顺利实现。

（8）列项划勾法

列项划勾法是任务法的进一步深化，具有更强的实际操作性。

在明确观察任务和目的后，可以给自己列出一个转绕观察任务的项目表，恰似上街购物前的"购物提示"，它能够促使训练者有计划、有目的地观察相关内容。

列项划勾法在每一次观察结束后，实际已保留了较完整、较全面主要特征法。

所谓主要特征法就是观察事物时，认准被观察对象的主要现象和特点。这是针对一些人在观察时通常分不清观察中的主要现象和次要现象，或者总是注意那些有趣的、奇特的、自己喜爱看的现象而忽视主要内容而言的。

比如，我们观察一只乌龟，如果问"乌龟的主要特征是什么？"，可能不少人会说乌龟有两只小眼睛、短尾巴、四只脚和身子藏于甲壳之下，其实不对，乌龟的特征在于其背壳，四只脚、两只小眼和短尾巴等这些都是其他许多爬行类动物的共同特征，而非乌龟所特有，因此乌龟背壳的硬度、形状、花纹才是观察的重点。

再如，我们观察一只公鸡，观察重点是什么呢？应该是重点观察鸡冠和羽毛颜色、大小，因为这是与母鸡相区别的特征。观察鸭子，重点自然应放在脚蹼和羽毛的不湿水性上。因为这是鸭子区别于鸡的重要特征。

(9) 个体差异法

所谓个体差异法，就是在对同类事物进行观察时，抓住其个体特征。例如，同样是军官，同样是被逼上梁山，而林冲和杨志却是截然不同的两种心态和两种性格，这就是他们的个体差异。

在实际观察中，我们面对的更多是一个个体，这一个体除了具有同类事物的类别特征外，更重要的是具有其个体特征。因而，要使观察进一步深入、细致，必然要具体事物具体分析，抓住事物的个体差异。

相传，欧洲大文豪福楼拜在向契诃夫介绍自己的写作经验时，曾要求契诃夫走过每一个大门时，观察每一个守门人，并把他们记录下来，福楼拜说："我要你写每一个守门人，是让你找出这个守门人和其他所有守门人的不同点，他的面貌、他的眼神、他的动作都是他所独有的。我让你记录每一个守门人，要让别人能从所有守门人中一下子找出他来。"福楼拜的话道出了观察中"个体差异法"的实质内容。

(10) 中心单元法

所谓"中心单元法"，即围绕某一观察对象或内容开展一系列观察活动，以求完整、准确地把握和理解事物的现象和本质。

例如，观察种子发芽成苗的这一过程，围绕种子是怎样发芽的这一中心，设计出一系列的观察活动。比如什么时间种子长出根？什么时候张开瓣？叶子什么时候长出？颜色怎么样？每天需浇多少次水？

中心单元法贵在围绕"中心"坚持下去，否则无法获得对事物的完整印象和深入了解。

(11) 边缘视觉法

一个观察力不够准确的人，常常是只见树木，不见森林。相反，观察力准确性较高的人，既能把握事物的整体，又能敏感地观察到事物的细节。这一能力需要观察者具有较广泛的视觉范围，又有较高的视觉敏感度，为此，可进行边缘视觉法训练。

所谓的"边缘视觉"，就是先保持固定的目光聚焦，凝视正前方，同时又用眼观望四周，但不是以头的扭动或转向而带动目光去看，而是用眼睛的余光。原来，在人的视敏度很高的中央视觉区外缘，还有一块很大的，相对来说尚未被充分利用的视觉区域，就叫作边缘视觉。而人的视网膜，只有一小部分处于敏感的中央区，其余则都在边缘视觉地带。因此，对边缘视觉的开放和训练，可以大大提高视觉的感受力范围和感受性程度，对视察完整性和准确性训练大有帮助。

边缘视觉，非常具有开发价值，它能使观察者对自己感兴趣的事物特别敏感，而且也善于捕捉他人易忽视的细节或事物的某些特征。比如，从杂乱无章的复杂环境中选认出自己所找或选认的事物，靠的就是边缘视觉。一个边缘视觉良好、观察敏感度高，又对汽车有浓厚兴趣的人能对身边一驰而过的汽车，准确地说出车名、车型及车的显著特征。

在进行边缘视觉训练时，要注意既看清事物整体，又要把视觉敏感的中央区对准需要进行细致观察的部分，要眼观六路耳听八方，又要抓住关键和要害，一目中的。

5. 培养观察力的方法

人的观察力并非与生俱来，而是在学习中培养，在实践中锻炼起来的。特别是对学习自然科学的人来说，观察力尤其重要。同学们要从小养成自觉地、认真地观察各种自然现象的习惯、兴趣和能力。通过直接体验，积累对自然现象的感性认识，培养对事物进行科学观察的能力和习惯。

为了有效地进行观察，更好地锻炼观察力，掌握良好的观察方法是必要的。

(1) 确立观察目的

对一个事物进行观察时，要明确观察什么，怎样观察，达到什么目的，做到有的放矢，这样才能把观察的注意力集中到事物的主要方面，以抓住其本质特征。目的性是观察力的最显著的特点，有目的观察才会对自己的观察提出要求，获得一定深度和广度的锻炼。反之如果东张西望，左顾右盼，对事物熟视无睹，你的观察力就得不到锻炼。例如，你想要办一个新的商店，需要从别的商店获得一些商品陈列的经验，此时，你去观察一定带着目的性。只有带着目的性的观察才是有效的观察，才能尽快提高自己的观察力。

（2）制订观察计划

在观察前，对观察的内容做出安排，制订周密的计划。如果在观察时毫无计划，漫无条理，那就不会有什么收获。因此，我们进行观察前就要打算好，先观察什么，后观察什么，按部就班，系统进行。观察的计划，可以写成书面的，也可以记在脑子里。

（3）培养浓厚的观察兴趣

每个人由于观察敏锐性的差异，在同一件事物的观察上会出现不同的兴趣，注意到不同事物或同一事物的不同特点。因此，培养浓厚的观察兴趣是培养观察能力的重要前提条件。为了锻炼观察能力，必须培养每个人广泛的兴趣，这样才能促使人们津津有味地进行多样观察。同时，还要有中心兴趣。有了中心兴趣，就会全神贯注地对某一领域进行深入的观察。

有的同学喜欢观察星空，特别是对银河、火星、月亮等观察兴趣很浓厚，能长期坚持并写出观察日记。这样就可以增长知识，打开思路。有的同学对植物很有兴趣，注意观察植物的生长过程，从播种、发芽到发育、成熟，并做了大量观察日记。教师也经常给以指导，辅助以必要的知识。这样做不仅极大地培养了学生们的观察兴趣和持久的观察力，也提高了他们对事物发展全过程的表达能力。

6. 训练观察力的步骤

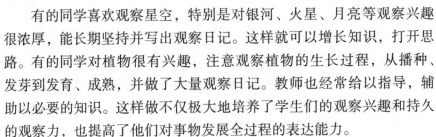

要锻炼观察力，应从身边的事物、所处的环境、人的特点着手。比如：你家里的桌子的位置有轻微变化、你的一个新朋友的眼皮是内双的、今天路上的车辆比以往少了一点（从此你可以去推断为什么少，发生了什么）、餐厅见的某个陌生人是个左撇子、你周围的人的

表情，穿着等等。

观察是一种用心的行为，而非随随便便地"看"。观察一个楼梯，你可以算它的级数、高低，光是看的话，你可能只是记得它是一个楼梯。在初练观察力时，最好养成有意识的观察。针对一个平凡无常的事物，你应有意地细致地观察它所具有的特征，注意常人难以发现的地方。再有，通过对比也是训练观察力的好方法。如：今天和昨天的窗户上的灰尘有什么变化、股市的变化并推测其未来趋势。观察，不仅要观察其内在本质，也要着重于发现事物的变化。总之，持有一颗观察的心并付诸实践，长此以往，便可以训练出潜意识的观察能力，即：对于什么事物，都会习惯性地去观察。这是一种好习惯。下面是训练观察力的五个方法。

（1）静视

首先，在你的房间里或屋外找一样东西，比如表、自来水笔、台灯、一张椅子或一棵花草，距离约60厘米，平视前方，自然眨眼，集中注意力注视这一件物体。默数60~90下，即1~1.5分钟，在默数的同时，要专心致志地仔细观察。闭上眼睛，努力在脑海中勾勒出该物体的形象，应尽可能地加以详细描述，最好用文字将其特征描述出来。然后重复细看一遍，如果有错，加以补充。

其次，你在训练熟练后，逐渐转到更复杂的物体上，观察周围事物的特征，然后闭眼回想。重复几次，直到每个细节都看到。可以观察地平线、衣服的颜色、植物的形状、人们的姿势和动作、天空阴云的形状和颜色等。观察的要点是，不断改变目光的焦点，尽可能多地记住完整物体不同部分的特征，记得越多越好。在每一次分析练习之后，闭上眼睛，用心灵的眼睛全面地观察，然后睁开眼睛，对照实物，校正你心灵的印象，然后再闭再睁，直到完全相同为止。还可以在某一环境中关注一种形状或颜色，试着在周围其他地方找到它。

再次，建议你然后去观察名画，必须把自己的描述与原物加以对照，力求做到描写精微、细致。在用名画做练习时，应通过形象思维激发自己的感情，由感受产生兴致，由兴致上升到心情。这样，不仅可以改善观察力、注意力，而且可以提高记忆力和创造力。因为在你制作新的心中的形象的过程中，你吸收使用了大量清晰的视觉信息，并且把它储藏在你的大脑中。

（2）行视

以中等速度穿过你的房间、教室、办公室，或者绕着房间走一圈，迅速留意尽可能多的物体。回想，把你所看到的尽可能详细地说出来，最好写出来，然后对照补充。在日常生活中，眼睛像闪电一样看：可以在眨眼的功夫，即 01～04 秒之间，去看眼前的物品，然后回想其种类和位置；看马路上疾驶的汽车牌号，然后回想其字母、号码；看一张陌生的面孔，然后回想其特征；看路边的树、楼，然后回想其棵数、层数；看广告牌，然后回想其画面和文字。所谓"心明眼亮"，这样不仅可以有效锻炼视觉的灵敏度，锻炼视觉和大脑在瞬间强烈的注意力，而且可以使你从内到外更加聪慧。

（3）抛视

取 25 块到 30 块大小适中的彩色圆球，或积木、跳棋子，其中红色、黄色、白色或其他颜色的各占三分之一。将它们完全混合在一起，放在盆里。用两手迅速抓起两把，然后放手，让它们同时从手中滚落到沙发上，或床上、桌面上、地上。当它们全部落下后，迅速看一眼这些落下的物体，然后转身去，将每种颜色的数目凭记忆而不是猜测写下来，检查是否正确。重复这一练习 10 天，在第 10 天看看你的进步。

（4）速视

取 50 张 7 厘米见方的纸片，每一张纸片上面都写上一个汉字或字母，字迹应清晰、工整，将有字的一面朝下。也可用扑克牌。取出 10 张，闭着眼使它们面朝上，尽量分散放在桌面上。现在睁眼，用极短的时间仔细看它们一眼。然后转过身，凭着你的记忆把所看到的字写下来。紧接着，用另 10 张纸片重复这一练习。每天这样练习三次，重复 10 天。在第 10 天注意一下你取得了多大进步。

（5）统视

睁大你的眼睛，但不要过分以至于让你觉得不适。注意力完全集中，注视正前方，观察你视野中的所有物体，但眼珠不可以有一点的转动。坚持 10 秒钟后，回想所看到的东西，凭借你的记忆，将所能想起来的物体的名字写下来，不要凭借你已有的信息和猜测来做记录。重复 10 天，每天变换观察的位置和视野。在第 10 天看看你的进步。

7. 锻炼观察力的技巧

若想训练出好的观察力，技巧非常重要。下面列举的技巧都是人们在长期的实践中掌握的切实可行的方法，适合初学者学习。

(1) 重复观察法

为了避免纰漏和似是而非的错假现象，求得对所观察对象的精确和深刻，重复对同一事物或现象的观察是非常必要的。特别是在对那种发生或发展特别快或有其它干扰的事物或现象的观察时，我们观察的感应速度难以跟上或注意力容易被干扰，如老师在做氯气和氢气的化合试验时，有的同学可能被镁条燃烧时发出的强光干扰而影响对试验发生的反应现象的观察，像这样的情况就必须重复多次进行观察。

(2) 比较观察法

在观察两种相近或相似的事物或现象时，通过比较观察，找出它们之间的异同，抓住它们的本质特征，以获得清晰的认识，这种方法在我们的学习中也是应用比较广泛的，例如有的同学在这用 $(a+b)^3$ $= a^3 + 3a^2b + 3ab^2 + b^3$ 和 $(a-b)^3 = a^3 - 3a^2b - 3ab^2 - b^3$ 这两个公式时经常出错，特别是 $(a-b)^3$，但将两个公式放在一起比较时就会发现：$(a-b)^3$ 的展开式中带 "—" 号的项恰好是 "b" 的奇数次幂项。在其他各学科中运用比较法也同样可取得很好的效果。

(3) 借助仪器观察法

在我们生活和学习的周围环境和宇宙空间中，有许多的事物是我们难以或不能直接用我们的身体器官观察得到的，或者由于人的感官在观察时在精度和速度等方面本身存在的局限性，所以借助仪器进行观察是非常必要和必需的。由于显微镜的发明和使用，揭开了微生物世界物秘密空间，并创立了细胞学说；由于天文望远镜、人造卫星及宇宙飞船的应用，增强了人类对地球本身和宇宙空间的了解，开阔了人们的视野和探索空间。

（4）自然观察法

对在自然状态下的观察对象进行观察。春游时，对山峦河流、地形树貌、民俗风情、文物建筑、田园风光的观察，配合植物学和动物学的学习，在大自然或植物园、动物园中观察多种多样活生生的动物和植物，都是运用的自然观察法。我国宋朝画家文同，擅长画竹。这主要得益于他坚持对竹进行"自然观察"。他在居室窗外栽种一片竹林，朝夕观察揣摩，脑海中保留着鲜明生动的竹子形象，挥毫作画里总是"胸有成竹"。

（5）分解观察法

就是把被观察对象的各种特征、各个方面或各个组成部分一一分解开来，认真进行观察。这样的观察，可以使我们对事物了解得更加精确。例如观察直圆柱：这个形体是什么形状？有几个底面，是什么形状？有几个侧面，展开是什么形状？两个底面之间相等吗？通过这样解剖观察后，就能把握直圆柱的主要特征：直圆柱的两个底是相等的圆，它的侧面展开是一个长方形。又如"赢"字，学生不易掌握其字形，但如果进行解剖观察，分解为"亡、口、月、贝、凡"便容易得多了。

（6）历史观察法

即按事物进行观察的方法，它以时间变化为特征。世界上的一切事物包含在一定的时间与空间关系之中。任何事物的发展变化都和一定的过程和时间顺序。人们习惯把短时间的变化称为过程性的发展变化。

（7）移位观察法

就是观察者在不固定位置对客观事物进行的不固定的观察。其特点是观察处于活动变化的状态。这种观察可以是观察者的移位，也可以是观察对象的移位，其观察点在不断发生变化，是一种动态性观察，这种观察往往是有选择的，它的变化特点是以空间变化为标志。

另外，还有长期观察法、隐蔽观察法、时序观察法、综合观察法、多角度观察法和追踪观察法等等。在这里就不多说了。总之，要提高观察能力，既要养成良好的观察习惯，又必须掌握科学的观察方法。

8. 观察在学习中的运用

（1）观察是获得知识的第一环节

通过观察首先可以获得对事物的感性认识，而通过对感性认识的不断积累综合和思考，最终将升华为理性知识，所以说观察是人类智力活动的源泉。著名生物学家达尔文曾说过："我既没有突出的理解能力，也没有过人的机智，只是在对事物的观察能力上可能在众人之上。"

（2）准确的观察力是纠正或者发现错误的重要根据

人们之所以能发现载嵩的《斗牛图》中"牛尾高翘"的错误，就是平时准确的观察事实。在科学历史上新发现和技术革新，都是通过准确的观察后，从对前人的学说或事物的现象产生怀疑而开始的，例如哥白尼之所以能创立"日心说"，就是因为他通过长期的、准确的观察发现了"地心说"的许多错误；有关物体重量与降落速度的关系，在伽利略的倾塔实验之前人们都错误地认为物体降落的速度与重量成正比关系，是伽利略通过大量的实验纠正了这一错误认识。同样，作为一个侦探，拥有观察力，也能很好的发现不同寻常的东西，使之成为线索，直逼真相。

（3）敏锐的观察力是捕捉成功机遇的重要条件

机遇是出乎人们意料的好的境遇和机会。意外的机遇往往成为某件事情成功的契机。在科学技术的发展历程中，由于机遇的降临而引出的新发现和发明的就有很多，青霉素就是英国的细菌学家沸莱明在一个偶然的机会里发现的，他后来曾说过："我唯一的功劳就是没有忽视观察。"由此可见敏锐的观察力在科研工作中的重要，当然在我们的学习中也需要有敏锐的观察能力。

9. 观察力的测试

你会注意到一些被人们忽视的东西吗？很多人对于新奇的、刺激的东西很容易就会注意到。比如，你家门口停了一辆高级的轿车，你肯定会注意到。但是每天看到的一些东西呢？其实你往往会熟视无睹，不相信吗？那就来测试一下吧！

（1）妈妈的头发是什么颜色的？

（2）爸爸的自行车或汽车是什么牌子的？

（3）你的同桌比你高还是比你矮？

（4）妈妈戴结婚戒指吗？

（5）你家洗衣机是几升的？

（6）你们家客厅挂了几张画？

（7）你最喜欢的一本书是什么出版社出版的？

（8）你家牙膏是什么牌子的？

（9）你的卧室是正方形的吗？

（10）妈妈经常给你买的面包是什么牌子的？

（11）爸爸每天回家后第一件事是什么？

（12）你家种了几盆花草？

（13）你家阳台是封闭的还是不封闭的？

（14）你的朋友当中谁最胖？

（15）妈妈最常穿的衣服是什么颜色的？

在以上问题中，答对一个记一分，如果你得分在10分以上，那么恭喜你了，你是一个超级观察家，任何东西都别想从你的眼前溜走！得分在5至10分的，你的观察力也相当地好。得分在5分以下，你就要好好锻炼观察力了。

其实，如果你的观察力不怎么好，也不用气馁，只要掌握提高观察力的方法，就一定能行。

第二章

学生观察力的锻炼游戏

1. 如何将两种杯子分开

　　小强的妈妈是学校里的化学老师。一天，小强来实验室等妈妈一起回家。等小强做完作业想出去玩时，妈妈马上将他喊住，给小强出了这样一道题目："你看看桌子上现在放了 6 只做实验用的玻璃杯，前面的 3 只盛满了水，而后面的 3 只却是空的。你可以只移动其中的 1 只玻璃杯，就把盛满水的杯子和空杯子间隔起来吗？"小强在班上是出了名的"小机灵鬼"，他只想了一会儿，就做到了。

　　请您想一想：小强是怎样做到的？

2. 钱为什么会少

　　一个人由于下午要出差，就给他的儿子打电话，要求儿子买一些出差需要的东西。他告诉儿子，桌子上的信封里有钱。儿子找到了装钱的信封，上面写着 98。于是儿子就拿着这些钱到超市买了 90 元钱的东西，当他准备付钱时发现，不仅信封里没剩下 8 块钱，反而不够 90 块，这是怎么回事呢？钱为什么会少？

3. 测高楼的高度

　　某天，天气非常晴朗，一个人对另一个人说："这里有一盒卷尺，看到对面这幢大楼了吧，它的四周是宽广的平地。如果在不凳高的情况下，怎样才能量出对面这幢大楼的高度？"另一个人听罢问题后，想了一会儿，又拿卷尺量了一番，最后得出了大楼的高度，聪明的你想到他是怎么测的吗？

4. 观察数字

仔细的观察一下 1、2、3、4、5、6、7 这七个数，如果不改变顺序，也不能重复，想一想用几个加号把这些数连起来，可使它们的和等于 100？

5. 切西瓜

一个人拿刀将一个西瓜切了 4 刀，西瓜被切成了 9 块，可是，当西瓜被吃完后，发现多了一块西瓜皮，于是他又查了一遍，还是 10 块西瓜皮，请问这个人是怎么切西瓜的？

6. 九宫阵

九宫阵是一个 9×9 的方阵，由 9 个九宫格构成，每个九宫格又由 3×3 共 9 个小格子构成。请在图中每个空白小格子里面填上 1~9 的数字，使每个数字在每个九宫格内以及在整个"九宫阵"中每行、每列上均只出现一次。

	9			2				
		5			4			
7			3	6	2			9
9			1					
	5		6					8

	8	4		7	6
4				6	
	2	8			1
1		9	5	3	

7. 天秤称木料

桌子上有12块木料，这12块木料是一模一样的，但是其中有一个和其它的重量不同，只有一个天秤。请问：怎样称才能用三次就找到那块木料。

8. 刻字单价

有一个先生以刻字为生，有一次，一位顾客来问他刻字的价格，他说道："刻'隶书'4角；刻'新宋体'6角；刻'你的名字'8角；刻'你爱人的名字'12元。这位顾客听罢，笑了笑，你能猜到这个刻字先生刻字的单价吗？

9. 货车过桥洞

有一辆装满货物的大货车要过一个桥洞，可是货车上的物品装的太多了，顶部高出了桥洞1cm，怎么也过不去。有什么办法能让这个货车顺利地通过桥洞呢？

10. 观察数字

54321，43215，32154，（   ）15432。第四个数字是多少？

11. 倒水

有一个玻璃杯装满了水，不能使用任何器皿和量具，往外倒水的时候怎样能刚好倒出一半的水？

12. 观察字母

观察 B、C、D、P、X 这几个字母，你觉得哪一个字母与其它字母不同？

13. 不同的图

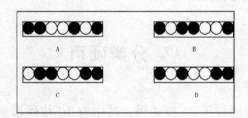

14. 黑白珠子

黑白珠子共有 2000 个，按照下面的规律排列：○●●●○●●● ○●●●○……第 1995 颗珠子是什么颜色？

15. 找图形

一组图形按下面的方式排列：

♡☺☺i♡☺☺i……那么，你知道前 2006 个图形中共有多少个心形吗？

16. 分辨金球和铅球

有两个大小及重量都相同的空心球，但是，这两个球的材料是不同的，一个是金，一个是铅。这两个球的表面涂了一模一样的油漆，现在要求在不破坏表面油漆的条件下用简易方法指出哪个是金的，哪个是铅的。你能分辨出来吗？

17. 分辨硬币

现在桌子上面放了 25 枚硬币，其中有 10 枚硬币是正面朝上。如果别人蒙住你的眼睛，而且你的手也摸不出硬币的反正面。你用什么方法能将硬币分成两堆，而且这两堆硬币正面朝上的个数相同？

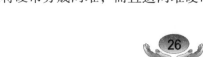

18. 移火柴

用火柴摆了一个 *2 + 7 - 2 + 1* 的式子，现在要求你移动其中任何一根火柴，然后将式子的答案变成 *36*。该怎么移呢？

说明：*1* 是由竖一根火柴组成，*2* 是由横折横三根火柴组成，*7* 是由横折两根火柴组成。

19. 巧排队列

一个班级有 *24* 个人，有一次，为了安排一个节目，必须把全班学生排成 *6* 列，要求每 *5* 个人为—列，那么该怎么排呢？

20. 观察数字

观察 *3*、*3*、*8*、*8* 这一组数字，不改变数字顺序，加入运算符号，将这些数字组成一个算式，使结果等于 *27*。

21. 旋转梯形

有一规则的梯形如下图所示，先让它向左转，然后顺时针旋转三圈，再向后转，再逆时针旋转三圈，此时它的图形方向是怎样的？

27

（用立体结合平面的思维考虑）

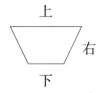

22. 区分图形

哪一张图不同于其他的图？从左往右、从上往下看。

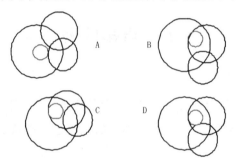

23. 黑色珠子有多少

观察图形：○●○●●○●●●○●●●●●●○……前
200 个珠子中有多少个黑色的？

24. 观察字母

PRO、XSZ 这两组字母有哪些不同之处？

25. 测测你的观察力

在图一中的 *13* 块图形中，去掉一块可以组成图二的船型，应该去掉那一块？

图一   图二

26. 这个数字是多少

一个数字，去掉第一个数字是 *15*，去掉最后一个数字是 *30*，请问这个数字是多少？

27. 水有一半吗

有一个很规则的立方体器皿，器皿里面装了一些水，一个人说："器皿里的水超过一半。"另一个人说："器皿里面的水不到一半。"如果不把水倒出来，你怎么做才能知道水有没有一半呢？

28. 密码游戏

有两个小伙伴一起玩游戏，甲让乙看了一下卡片，卡片上写着"桔子橙子香蕉梨"，意思是"星期六游乐场碰面"而另一张卡片上写着"橙子李子猕猴桃"，意思是"我们游乐场玩耍"然后又让他看了一下最后一张卡片，上面写着"栗子桔子火龙果"，意思是"星期六游乐场玩耍"，那么"香蕉梨"的意思是什么？

29. 填后续

观察 A，E，B，F，C 这组字母，你觉得下个字母应该是什么？

30. 出错的程序操控

甲是一个专门研究机器程序操控的专家，前不久，他刚发明了一个可以在简单程序操控下穿过马路（不是单行线）的机器人 Exruel，一日，他命令 Exruel 去马路对面，并给他输入了"25m 内是否有车辆"的程序保证 Exruel 能安全过马路。可谁知，Exruel 在穿越马路过程中竟花了将近 6 个小时，这时，甲才意识到他在给 Exruel 输入程序时犯了一个严重的错误。

请问：甲究竟是哪里出错了呢？

31. 下一行数字是多少

你能继续写下去吗？

3

13

1113

3113

132113

1113122113

观察这些数字，你能写出下一行数字吗？

32. 第十个数是多少

观察数字下列数字：

1、5、11、19、29、41……这列数中第10个数是多少？

33. 猴子的主意

　　天气晴朗，两只小兔子开开和心心到森林里去捡蘑菇。森林里的蘑菇可真不少，他们很快就捡了一大堆蘑菇。但在分蘑菇的时候，开开和心心争吵了起来，因为他俩都不想少要，那怎样才能把这堆蘑菇平均分配给他们呢？最后，他们找到了森林中最聪明的老猴子，让他来处理这个问题。于是，老猴子给他们出了奇特的主意，他们拿着自己的蘑菇，高高兴兴地回去了。你知道老猴子给他们出的是什么主意吗？

34. 吊在梁上的人

在一天早上，酒吧的服务员来上班的时候，听到顶楼传来了呼叫声。一个服务员奔到顶楼，发现领班的腰部束了一根绳子被吊在顶梁上。这个领班对服务员说："快点把我放下来，去叫警察，我们被抢劫了。"这个领班把经过情形告诉了警察："昨夜酒吧停止营业以后，我正准备关门，有两个强盗冲了进来，把钱全抢去了。然后把我带到顶楼，用绳子将我吊在梁上。"警察对他说的话并没有怀疑，因为顶楼房里空无一人，他无法把自己吊在那么高的梁上，地上没有可以垫脚的东西。有一部梯子曾被盗贼用过，但它却放在门外。可是，警察发现，这个领班被吊位置的地面有些潮湿。没过多长时间，警察就查出了这个领班就是偷盗的人。想一想，没有别人的帮助，这个领班是如何把自己吊在顶梁上的？

35. 这个三位数是多少

桌子上有3张数字卡片，这几张卡片组成三位数字236。如果把这3张卡片变换一下位置或方向，就会组成另外一个三位数，而且这个三位数恰好能够被47整除。那么如何改变卡片的方位呢？这个三位数是多少呢？

36. 球的位置在哪里

现有在两种球，一种黑色的，一种是白色的，将这两种球自上而下排，当黑球比白球多 2005 个时，那么，这个球正好排在第几层第几颗？

如图，一层层地排列，每层都是从左往右排。

●●●
○○○○○
●●●●●●●
……

37. 你会填吗

1	2	3	4
5	6	7	8
9	10	11	12
13	14	15	16

根据上表中的数字，观察下表中的数字，寻找一下规律，数字不能重复，将下表填写完整。

1	3	5	
9	14		12
10		13	11
	6	4	2

38. D 代表多少

观察下面的图形，A 代表 0 点，B 代表 9 点，C 代表 6 点，那么 D 代表多少呢？

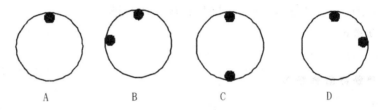

A   B   C   D

39. 小勇会说什么

老师给同学们布置了一些作业，希望同学们回家去测量一些东西，凡是家里的东西都可以测量。第二天，老师发现小勇的作业本上有这样几道题：$9 + 6 = 3$，$5 + 8 = 1$，$6 + 10 = 4$，$7 + 11 = 6$。于是，老师就狠狠地批评了小勇，可是，小勇说了一句话，老师也觉得有道理。仔细观察这几道题，你觉得小勇会说什么呢？

40. 猜字母

如果 CDE 对应 EDF，那么，EFH 对应什么？

41. **巧接电话线**

这个故事发生在 *1950* 年的朝鲜战场上。

一天，北风呼啸，大雪纷飞，天慢慢黑下来。我志愿军某部三连的战士在大炮的掩护下，向敌 *112* 高地发起了猛攻。

不料战士们刚冲到半山腰，敌人的一发炮弹炸断了我炮兵指挥所通往前沿阵地的电话线。我炮兵失去了指挥，大炮顿时哑了。敌人的炮火从山头上猛压下来，封锁了战士们前进的道路。

我电话班长和通讯员毫不犹豫地扑向苍茫的夜色，去接通被炸断的电话线。

他俩费了好大劲儿才找到被炸断的电话线，并把它接好。突然，"轰"地一声巨响，一枚炸弹在近旁爆炸了。通讯员被炸伤了，电话线又被炸断了。可是，没有电线了，怎么接呢？

班长站在雪地上，急得直抓脑袋。忽然，一个念头从他脑海里一闪而过。"有了！"他高兴地跳起来。

班长终于接通了电话线。轰！轰！我们的大炮又发言了。在炮火的掩护下，我三连战士迅猛地扑向 *112* 高地，按时把高地拿了下来。

想一想，电话班长在没有电线的情况下，是怎样把线路接通的？

42. **小童倒酒**

从前，长州有一个姓谢的书生，十分喜欢喝酒，但由于家里贫困，每每不能开怀畅饮。有一次，有家财主说请他参加酒宴，他十分高兴地去了。心想，我这次一定要痛痛快快地喝个够。但是主人却是个十分吝啬的人，他命令倒酒的小仆童，只准给每个客人倒半杯酒，不能倒满。

这时，书生见不能畅饮，心里不愉快。但他灵机一动，想了一个办法，居然使小童给他倒满了酒。

你知道，他想的什么办法呢？

43. 盗县印

寿县的简知县，刚一到任，就把刘之智找去，说："刘之智，听说你一肚子一二三，眨眨眼就来点子。那好，三天内，你把我县印盗去，我就服你。做不到，就把你赶出寿县。"

刘之智说："大人，小人本无多大本事，尤其不会偷，不知大人初上任，就听谁瞎说。"

知县说："我不管，高低就这么办了。"

刘之智万般无奈，叹口气说："大人，一定要这样做，该叫打赌。说是盗印，我万万不干。"

"好说，打赌就打赌吧。"

刘之智走后，简知县忙吩咐在厅堂放上一张大方桌，把县印放在方桌中央，让十个衙役轮班看着，一班两个。夜晚则高挑明烛，照得厅堂如白昼。简知县得意地想，你就是神偷再世，恐怕也难盗了。这下，可给你个下马威。

第一天，无事；第二天，事无；最后一天哩，衙役们也松了口气，心想，这一天一夜过去，明天就能看到刘之智受惩，以后就少受他的闲气了。

可是，就在第三天，在大白天，在两个衙役的面前，刘之智把县印偷走了，而衙役却一点不知道。

试问，刘之智想的什么办法呢？

44. 十个字

传说朱元璋把一位硕儒请进皇宫，叫他当太子太傅。皇太子不服管教，被这个太傅打了一顿。朱元璋知道了，一气之下把他关进了监狱。

马皇后知道后劝道："家有家规，国有国法，师有师道。你把这些一齐丢了，岂不把大明天下也丢了吗？"朱元璋听了，把太傅请回了皇宫。

太傅见皇上改错，连忙书写一联，跪呈皇上，并道："老臣谢恩。"朱元璋见纸上写的是"明王明不明贤后贤非贤"十个大字，不禁又要大发脾气，但经太傅一读后，朱元璋转怒为喜了。

试问，朱元璋对这十个大字怎么读的？而太傅又是怎样读的呢？

45. 一块破石头

明朝万历年间，淮阴有个士人叫周吉，素以诙谐机智著称。某年赴京赶考，在厕所里看到一块黑石头，土头土脑地躺在泥里，周吉眼珠一转，随即把它捡起来，用旧丝巾裹好，心里在说：换它三百两银子花花。

他走到京城最大的当铺，把石头放在柜台上："石头一块，当纹银三百两。"

伙计左看右看，看不出奥妙，便把朝奉请来，朝奉端详了一阵，说道："这明明是破石头一块。请问客官，这石头有什么妙处？"

"货卖识家，不识别问。"周吉转身欲走。

这时当铺老板从里面出来说："贵客请留步。"

老板看了看石头，又眯缝着眼睛端详了周吉了一阵子，问道："卖不卖？"

"什么价？"周吉一副不屑的样子。

"本来嘛，这宝物无价。"老板捻捻胡子，"不过你既来当它，想来必是急需钱用了。老朽就厚着脸皮趁个巧，三千两。"说完就盯着周吉。

周吉丝毫不露颜色，淡淡地说："难得老板识货，就如此吧。"当下取了银子，慢慢悠悠地踱去。

朝奉半晌回过神来，问："请问老板，这是什么宝物？"

"屁宝物。根本就是臭石块一块。"

？

"嘿嘿，老夫自有妙用。老子不会白扔三千两银子，是不是？"说着提笔写了告示："本店出售破石头一块。价格：白银一万两。"叫伙计贴到门外显眼处。伙计暗笑："老板在找比他还傻的人呐。"

人们看到这则广告，觉得古怪：一块破石头卖一万两？那好石头还不得一百万两啊。不过这家当铺全城第一，倒也没有把它当作儿戏。看的人越来越多，都说当铺老板鬼精，这次怕是真得算定要赚一万两呢。但破石头纵有人买，谁又能出得起一万两白花花的银子？

没想到，广告贴出第二天，就有人敲锣打鼓地来买了。一问，原来是本城新开的酒楼隆胜居。

隆胜居的人当众交清万两纹银，用宝盒盛了石头，一伙人鸣锣开道地抬了回去。

隆胜居的老板比当铺老板还要鬼，他买了这块石头，不到三个月，竟赚了纹银二万两。

你知道这是什么原因？

46. 避雨

庐江孙起山家中很贫困，那年他进京去等候分派官职，因没有足够的路费，只好一路上雇人家的毛驴赶路。一天，来到河间县（今属河北沧州）的南门外，雇不到驴，偏偏又下起大雨来，他只好到人家的屋檐下去避雨。

正好，这家的主人出来看见了，顿时大发脾气，说："造屋的时候，你没出钱，铺地的时候你没出力，怎么无缘无故坐到这里来了？"说罢，三下两下就把他推到雨地里。

孙起山见这种人不可理喻，忍下一口气，就走了。

说来也巧，孙起山进京后，接到的官职正好是河间县令。他到任那天，地方上的绅士都去迎接。那家主人也来了，一看，认识的，就是当时被自己赶到雨地里的南方人。这下可不得了，顿时脸红耳赤，低下头再也不敢抬起来。

那人回到家里，当即准备把房子卖掉，全家都搬到外地去。孙起山知道了，就把他找来，推心置腹地对他说："放心好了。我不会跟你计较的。当初你那件事做得太过分，以后不要再犯，为人忠厚宽让一些，不就可以了吗？"接着给他讲了个故事，说是他家乡有个爱养花的人，一天夜里看见几个女子在观赏他的花。这几个女子以前都没见过，他估计是狐狸精，就扔了块砖头过去赶她们。其中一女子笑着说："你白天赏花，我们夜里赏花，对你又有什么妨碍呢？我们夜夜都来这儿，也不见这些花卉损坏了一茎一叶。你何必这样小气。告诉你，我们不是不会踩碎你的花；只是这样一来，让我们的伙伴都知道了，说我和你一般见识，连我们也被看轻了。你说是不是？"说罢，那几个女子飘然而去。这个养花人后来也没遭到什么灾祸。

孙起山说完故事，笑眯眯地说："你说我会跟你计较吗？难道我还不如狐狸精吗？"安慰再三，才把那人送走。

试问，这个人有没有搬走呢？

47. 诡辩树名

东方朔学识丰富，能言善辩，诙谐幽默，甚得汉武帝的欢心。

一次，东方朔跟随汉武帝郊游。武帝见有棵树长得很繁茂，便问东方朔这是什么树。东方朔随口说："此树名叫'善哉'。"武帝暗中派人把树干削掉。几年以后，武帝同东方朔又经过这里，武帝又特意问东方朔这棵树叫什么，东方朔哪里还会记得几年前随口说的树名呢？便又随口说："名叫'瞿所'。"武帝说："你东方朔一直在欺骗我，几年前说过这棵树叫'善载'，现在又称'瞿所'，该当何罪？"但当东方朔回答后，武帝却连声称好了。

试问，东方朔是如何回答的呢？

48. 巧取鱼钩

南宋时期，有一天晚上，相府里一片混乱。在明亮的烛光下，一位衣着华丽的贵妇人，正抱着一个五六岁的小公子放声大哭。

原来，那个小男孩是相爷的儿子，他误吞了一只钓鱼钩。钩尖刺在喉管壁的肌肉上，吐又吐不出来，咽又咽不下去。

如何把小公子喉管里的钓鱼钩取出来？被请来的医生纷纷议论：有的提出灌醋；有的提出吃韭菜。试了半天，都无济于事，既没有将鱼钩吞下去，也未能将鱼钩取出来。大家面面相觑，束手无策。

夫人心急如焚，边哭边骂医生无用。医生们狼狈不堪，互相交换着眼色，一声不吭。

这时，一位年龄稍大的医生，拍了拍自己的头，然后堆着笑脸对夫人说："夫人，我们确实无计可施。是不是把季瑜先生请来，他一定有办法为公子诊治。"

"对！季先生多谋善断，非一般人可比。"其他医生也顺水推舟，连忙随声附和着。

"若真是如此，你们就快去接他来吧。"夫人一边揩着眼泪，一边点头表示应允，医生们的话使她产生一线希望。当季瑜请来之后，果然很快取出了鱼钩。

试问，他是怎样取的呢？

49. 大海捞炮

有一年，清政府从国外买了一尊大炮。大炮足足有三千多斤重，装在一只木帆船上，另外有两只船护卫着，往回运。

船行到东海海面，遇上了台风，平静的海面怒涛滚滚，恶浪排空。载炮的那条船很快就被打沉了。护卫的两只船，一只被打得七零八落，一只里面灌满了水，半浮在海面上。几十名水手，只有十几个死里逃生，其余全被无情的大海吞噬了。

台风过后不几天，清政府下了死命令，限定十天内把大炮捞上来。那里的海水有三四丈深，怎么才能把三千多斤重的大炮捞上来呢？

负责打捞的几个水手，昼思夜想，绞尽了脑汁。因为他们知道，不按期捞上炮来，是要受重罚的。

三天过去了，五天过去了，大家还是一筹莫展。

剩下最后三天了。十几名水手又坐船到大炮沉没的海面上。

后来有一个水手终于想出了一个办法，把大炮打捞了上来。

试问，他想的什么办法呢？

50. 不打自招

李某揪张某到南海县县衙门，说他偷猪。张某说："偷猪人偷时总是把猪背在肩上，可是我瘦骨嶙峋，手无缚鸡之力，如何偷得动那六十多斤重的猪呢？"

徐知县认真打量了他一会儿，说："对，的确如此。我也听说你向来清白无辜。可怜你家境贫困，今赏你十千钱，回家好好做点小本生意。"喜得张某感激不尽。当弯腰把那堆铜钱套在左肩上，背起就要走时，徐知县大喝一声，判了他的罪。

试问，这是什么道理呢？

51. 小孩无腰

清朝嘉庆年间，荆门有个穷孩子叫苏高德，他很小时就给地主当长工。一天割小麦，割到中午，累得他直捶腰。张财主说："青蛙无颈，小孩无腰，等你长出腰来，我就放你休息。"

苏高德是个聪明的孩子，他想了个办法，使财主不得不承认他有腰，放他去休息。

试问，他想的什么办法呢？

52. 书面形式

一天，一位刚刚被提拔为经理的年轻人对他的下属训话说，以后所有员工若想和他谈话，都得采用书面的形式。

第二天早晨，这位经理碰上他的一位老同事，老同事一声不吭，从他的衣兜里掏出一张小纸片，把它递给年轻的经理。

试问，你知道上面写的是什么吗？

53. 惩凶

抗日战争时期，有一次，50多人的一个鬼子小队窜到离据点最偏远的陈村去扫荡。晚上回不了据点，就在村里过夜。当时村民早已撤离，粮食和禽畜也已转移，整个村子空空荡荡死一般寂静。

鬼子找不到吃的，便跑到村外地里挖地瓜充饥，填饱肚子后，就睡在打谷场上。

第二天一大早，所有鬼子都呜哩哇啦地惊叫起来。原来每个鬼子的子弹袋上都布满了一个个的小洞，支离破碎，子弹也不翼而飞。

试问，你知道子弹到哪里去了吗？

54. 雄雁救侣

从前，天津有个猎户，射得一只鸿雁。回家时，有只雄雁却一路跟随，哀鸣不已，在他家周围翱翔，到黄昏时才离去。次日，猎人一早出门，雄雁又来了，还飞到他的脚下。猎人将它捉住，见它伸了脖子，一俯一仰，吐出了半锭黄金。猎人领悟其意，说："好吧！可以拿来赎回你的老伴。"说着，便将雌雁放了。两只鸿雁在天空徘徊飞翔，似是悲喜交加，不久双飞而去。猎人将金子一称，竟有二两六钱哩。

试问，世上难道真有这样的事吗？

55. 撞人逃跑

1995 年年底，在沈阳沟帮子西大桥东侧，一辆驴车因下坡时车速过快，将路边一行人撞倒。当办理住院手续时，车老板却在忙乱中丢下驴车逃跑了。

被撞者李某与其同伴谢某俩人想了一个办法，居然把撞人的车主找到了。

试问，他俩想的什么办法呢？

56. 糊涂的侦探

在建坪不太宽广的大楼大门，团侦探与女怪盗梅琦碰个正着。

"真难得在这里遇见你！"

"是啊！团侦探，好久不见！你来这里有事吗？"

"我把记事薄忘在地下三楼的公共电话亭了，特来拿回。你呢？"

"哎呀——我也是哪！我把记事本忘在三楼的公共电话亭啦！团侦探，来一场公平竞争怎么样？"

梅琦向团侦探挑战。

"怎么竞争？"

"不要用电梯，看谁先取回自己的记事本，回到大门。输的人请吃午餐。"

"好！那么，开始吧！"

两人同时向楼梯跑。

但往地下室楼梯走的团侦探不由得停下脚步。

"糟糕！被梅琦捉弄了！"

团侦探有点懊恼。

为什么呢?

57. 被识破的伎俩

某夏日的一天傍晚,K 社长在书斋死了。右手握着手枪,一枪击中头部。

桌子上摆着一台电风扇和一封遗书,遗书中说因事业失败而自杀。

好像是空调出了故障,在用电风扇。但电风扇的线已从墙壁的插座上拔出。是社长在从椅子上翻倒时碰到了电源线才拔出的。

为慎重起见,将电源插头插入插座一试,电风扇的开关开着,所以电风扇又转动起来。

刑警见状,马上断定说:

"这不是自杀,是他杀。凶手在射杀社长后,将假遗书放到桌子上逃离现场。"

那么,证据是什么?

58. 领带是凶器

星期日中午,在明和公寓的 506 室,发现了一具女尸。穿着睡衣躺在床上,是被领带勒死的。

发现尸体是公寓的管理员。当时他来要房租,按了门铃没有回音,拧拧门把手,门没有锁便走进屋,发现了尸体。

检查结果,死后还不到两个小时,没有被强暴的迹象,也没发现屋内被翻动过。

"门牌上写着的水泽久美子就是被害人吗?"山田警部问管理员。

"不，被害人是长岛荣子，在三个月前和水泽住在一起的。"

"职业是？"

"两人分别是银座酒吧和俱乐部的女招待。"

"房间的主人水泽久美子现在在哪里？"

"这个，不清楚。"管理员回答说。

"如果是水泽小姐，刚才在美容院我还见过呢。"门外看热闹的住在隔壁的女人说。那女人的发型很漂亮。

"哪家美容院？"

"车站前濑知的小店。我是30分钟前才回来的。当时，还碰上一个戴墨镜的男人从这里走出去。"

"你看见他是从这个房间出去的吗？"

"不，是在电梯旁边和我打个照面。慌慌张张的样子，他没乘电梯，好像怕人看见似的把脸扭过去，从楼梯下去的。"

"是什么样的男子？"

"身高1.7米左右，瘦瘦的，留着长鬓，看上去不三不四的样子。"那女人爽快地回答。

"警部！请让我到那家美容院走一趟。"年青的木村刑警请求说。

"你知道那家店吗？"

"是的，那是我姐姐开的店。"

"是吗？那正好，你马上去问问。"

木村推开濑知美容院的门走了进去。

"您来了……哟！是明夫啊。今天休息吗？"姐姐高兴地笑着。正在给一位中年妇女剪发。

小而整洁的店里，还有另外一位顾客，正戴着烘干器坐在另一把椅子上看杂志。

"不，我正在当班。有位水泽久美小姐来过吗？"

"水泽小姐……"

姐姐的视线向正戴烘干帽的客人扫了一眼。

"出了什么事情？"小声问道。

"和她同住一起的另外一个女人被杀了。"

"什么？是那位长岛小姐？……"吃惊的不仅是姐姐，那位中年妇女也像很吃惊似的，回头看着木村刑警。

水泽久美子也从周刊杂志里露出脸来很诧异地看着映现在正面镜子里的木村刑警。

"姐姐，你和长岛荣子很熟吗？"

"是我的顾客呀。到底是怎么被害的？"

"是被用领带勒死的。"

"用领带？啊，真可怕！"那位中年妇女吓得浑身发抖。

姐姐走到水泽久美子身旁，切断烘干帽的电源，摘下帽子。

"小泽小姐，对不起，我弟弟有事找你问问。"

"是夫人的弟弟吗？"

"他是刑警，听说长岛小姐被杀了。"

"什么？荣子她……"

久美子下意识地站了起来，回过头看着站在背后的木村刑警。她头上还卷着满头发卷儿。

"你说是荣子被杀了，真的吗？"她问。

"刚才在你的房间里发现的。"

"真让人不敢相信，我来这儿的时候她还在睡觉呀……"

"你是什么时候来这里的？"

"一个小时前，对吗？夫人。"

"是的，是那个时候。"姐姐也那么说。

"也许是那个家伙干的……"久美子想说什么，马上又闭上了嘴。

"你说的那个家伙是谁？"木村紧紧追问。

"是荣子吹了的那个，叫黑田健一。"

"身高1.7米，瘦瘦的，留着大鬓角的家伙吧。"

"怎么？已经抓到吗？"

"不，是在现场附近有人目击到的。"

"那没错儿，凶手就是他。他和荣子三年前就同居了，但因他迷上了赛马，乱花钱，所以荣子讨厌他，便逃到我这儿来了。他一定是趁我不在来逼她恢复关系，一气之下用领带勒死她的。"久美子一口气说了这么多。

"你知道黑田健一的住址吗？"

"若宫町，可能是青叶庄公寓吧，门牌号我记不得了，以前我曾去过一次。"

"那么，请带我去一趟好吗？"

"可我的头……"久美子踌躇地说。

"马上给你弄好。"姐姐马上取下久美子头上的发卷，给她整理得很漂亮，然后包上围巾。

木村刑警用电话与警部联系后，借了姐姐的车子，带上久美子马上出发了。

"到了青叶庄公寓，不巧黑田健一不在。便在公寓前面等着。不久，一个戴着墨镜的男人匆匆忙忙地回来了。

"就是那个家伙。"久美子躲在木村刑警的背后小声说。

当黑田走近发现久美子时，一下子愣住了。

"你就是黑田健一吧？我是警察。"木村上去一把抓住他的手腕。

"不是，不是我干的。"黑田喊着。

"说什么不是你干的？"

"我去的时候荣子已经死了，脖子上缠着领带……"

"是你的领带吗？"

"不，不是我的。我说的是真话，刑警先生请相信我。"

"那你为什么不报警？为什么逃跑？"

黑田一时被问得哑口无言。

"除了你以外，没人会杀害荣子的。"旁边的久美子搭话说。

黑田脸上马上露出了一丝冷笑。

"看来是你干的吧？前几天我见荣子时她已告诉我了，她住你那里发现你和老板私通，不知是谁勾引谁，但事情败露你才对荣子大打出手的吧？荣子的脸不也是被你给抓破的吗？"

"哼！你少胡说八道。"久美子嗤鼻。

"在这儿争吵也没用，还是到警察署走一趟吧。"木村刑警把两个人带到警察本部。

可是再怎么审问这两个人，也拿不到足够的证据，难以确定凶手是谁。

当天夜里，木村去美容院还姐姐的车子时，"凶手抓到了吗？"姐姐关心地问。

"还没有。没有足够的证据，还定不下来。"

当木村把抓黑田健一时的情景详细给姐姐讲了一遍后，姐姐略加思索后说道：

"噢！原来如此，我明白了。"她轻而易举地指出了凶手。木村一时目瞪口呆。

"可是，姐姐，即使是那家伙下手，可没有什么证据呀？"

"即使没有物证。如果不是凶手，怎么会说出只有凶手才知道的事情呢？这就是最有力的证据。"

那么，真正的凶手是谁？理由何在？

59. 火灾与猫

在树林深处的一所房子里，住着独身生活的画家和他的小猫，就在画家外出旅行的一天，房子起了大火，眨眼之间化为灰烬。幸亏下了一场大雨，树林的树木潮湿，火势未能蔓延开。

从火灾现场发现了烧死的小猫被关在密封的房间里，因没有猫洞无法逃脱而被活活烧死。现场勘查结果表明，起火点是一楼六张席子大小的和式房间。可是，房间里没有任何火源，也没有漏电的痕迹。煤气开关紧闭，又无定时引火装置。

不过，因为在书架下面的地面上发现了一个破碎的鱼缸，在烧焦了的席子上发现有熟石灰，于是，警察认定是为谋取火灾保险金而故意放火，并逮捕了画家。一所建了三十年之久的旧房屋，竟保了高额保险金。

那么，正在旅行的画家，究竟是用什么手段放火的呢？

60. 唐僧分冰淇淋

唐僧师徒四人去西天拜佛取经，途中路过火焰山的时候，由于天气十分炎热，大家都口渴了，猪八戒最贪吃，趁这个机会要求唐僧去买冰淇淋来解渴。唐僧只得去买冰淇淋，他总共买了 11 个，因为他的钱只够买 11 个冰淇淋。唐僧把那些冰淇淋都分开了。猪八戒、孙悟空、沙僧每个人都一样多，都是奇数；唐僧自己分的是偶数，他比他的任何一个徒弟都少拿了一个。

谁知道唐僧分到了几个冰淇淋？

61. 唐老鸭买果冻

唐老鸭看到他的老搭档米老鼠吃果冻吃得津津有味，他的口水都快要流出来了。于是他也咚咚地跑到商店买果冻吃。卖果冻的是小狗史努比，史努比告诉唐老鸭果冻是 0.2 元钱 1 个。唐老鸭立刻掏钱买了 3 个果冻。唐老鸭想回家去吃，于是他拔腿就往家里猛跑。跑到家里的时候，3 个果冻都跑丢了。唐老鸭只得又跑到小狗史努经那里去买果冻，他又买了 3 个果冻。非常不幸的是，他在半路上又把 3 个果冻跑丢了。这下唐老鸭可生气了，他又气呼呼地跑到小狗史努比那里去买果冻，他立刻就把 3 个果冻吃了。

请问，唐老鸭花了多少钱买了几个果冻？

62. 波勃吃菠菜

大力水手波勃在大海上追击大海盗卡蒙，整整追了 3 天才追上并捉住了他。大力水手波勃必须吃菠菜他的力气才会变得巨大无比，于是他在他的大船上贮放了 10 罐菠菜。在这 3 天里大力水手波勃把全部的菠菜都吃完了。

大力水手波勃第一天吃的菠菜比第二天多 3 罐，第三天吃的菠菜比第二天多 1 罐。第一天吃的菠菜罐数是奇数，第二天吃的菠菜罐数是偶数，第三天吃的菠菜罐数是奇数。

谁知道大力水手波勃这 3 天分别吃了多少罐菠菜？

63. 孙悟空追猪八戒

孙悟空从花果山飞到西天如来佛祖的大雷音寺需要 20 分钟；而猪八戒从花果山飞到大雷音寺却需要 30 分钟。孙悟空每次都嘲笑猪八戒飞不过他。猪八戒心里十分恼怒，他要求再和孙悟空比赛一次。孙悟空认为猪八戒是自己的手下败将，比不比自己都会胜利，便没有答应要和猪八戒比赛。猪八戒故意气孙悟空说："猴哥，你让我先飞 5 分钟，你肯定追不上我！"孙悟空不相信追不上猪八戒，立刻和猪八戒比赛。

比赛的起点是花果山，终点是西天大雷音寺。猪八戒先飞出了 5 分钟，孙悟空 5 分钟后猛追猪八戒。

你知道孙悟空是什么时间，什么地方追上猪八戒的吗？

64. 樱桃小丸子采蘑菇

　　樱桃小丸子吃腻了家里的鸡鸭鱼肉，她很想吃一些新鲜的东西，换换口味。樱桃小丸子的妈妈告诉她森林里的蘑菇最好吃最有营养了。樱桃小丸子听着听着就流出了口水，她要她妈妈去森林采摘一些蘑菇回来炖汤喝。她妈妈告诉她："不行，我很忙，这么多家务事还等着我去做呢！你自己去好了。"樱桃小丸子没办法，只好自己去森林采摘蘑菇了。

　　在晴天每天她能够采 20 个，雨天每天只能采 12 个，这些天来她一共采了 112 个蘑菇，平均每天采 14 个。

　　请问，这些天里有几天是雨天？

65. 孙悟空操练猴兵

　　孙悟空保护唐僧西天取经回来后，没有什么事干了，回到花果山闲得慌。有一天，孙悟空心血来潮又要他的猴兵们摆出当年大闹天宫迎战天兵天将的阵势来。猴兵们十分高兴，都争先恐后地跑到练武场上听候孙悟空的差遣。孙悟空数了三遍发现他手下猴兵不多不少仍然是 1001 名。孙悟空不知道应该怎样排列才不会把最后一名猴兵漏掉。

　　亲爱的读者，帮帮齐天大圣孙悟空吧！

66. 宝树上的人参果

　　唐僧师徒四人去西天取经来到了镇元子大仙的道观里。镇元子大仙有事出去了，他事先留下两个道童接待唐僧师徒四人。道观里种了一棵宝树，长着人参果，吃一个人参果就能够多活 *1* 万年。猪八戒知道后，特别想吃宝树上的人参果。那两个道童要考考猪八戒，要是猪八戒回答正确，才会摘一个人参果给他吃。

猪八戒在两个道童的带领下来到宝树前。一个道童指着宝树上的人参果说："这一树的人参果 *3* 个人分要剩 *2* 个，*5* 个人分要剩 *3* 个，*7* 个人分也是剩 *2* 个，猪八戒你知不知道这树上有多少个人参果？"

猪八戒口水都流完了，依然没有算出来。

想尝尝人参果是什么味道的读者朋友，请你不妨也算算。

67. 阿里巴巴装大金块

大商人阿里巴巴来到了芝麻洞里寻找宝藏。他在芝麻洞里找啊找啊找了很久都没有找到宝藏。阿里巴巴不甘心空着手回去，于是他走到了芝麻洞里的最后一个通道。

这下他可高兴极了，因为道路上有很多大金块呢！在大金块的旁边还有一个木箱子。

阿里巴巴发现大金块形状大小都一样，都是长 *20* 厘米、宽 *20* 厘米、高 *10* 厘米，他又发现木箱子的长、宽、高都是 *30* 厘米，他想多装一些金子，于是他就装起大金块来。这个木箱子到底能装多少金子？

68. 小猫乐米乐称蛋糕

小猫乐米乐本来是喜欢吃小鱼的。后来乐米乐不喜欢吃小鱼了，它喜欢吃蛋糕。小猫乐米乐从森林大街里买回了一些可口香甜的蛋糕，分别是 *1* 克、*2* 克、*3* 克、*4* 克重量不一样的蛋糕，总共有 *4* 块。它在吃蛋糕之前做了一个有趣的游戏,那就是任意拿出重量不一样的蛋糕进行组合,看最多能组合多少种。聪明的乐米乐把它们全部都一一组合到了,那么它组合了多少种呢?

69. 姜太公钓大鱼

姜太公钓鱼不用鱼钩鱼饵也能钓上大鱼来。一天,姜太公闲得慌,他又来河边钓起鱼来,他为自己钓鱼打起分来:钓一只金鱼得 9 分,钓一只鲤鱼得 5 分,钓一只鳕鱼得 2 分。这一天姜太公钓了 2 只金鱼、4 只鲤鱼、6 只鳕鱼。姜太公算数可厉害了,他一眨眼就算出了自己得了多少分吗。

亲爱的读者朋友,你知道可爱的姜太公钓鱼得了多少分?

70. 如来佛祖的五指山

齐天大圣孙悟空大闹天宫把天上的玉皇大帝吓破了胆。最后没办法,玉皇大帝只好请来了西天的如来佛祖帮忙对付孙悟空。如来佛祖一掌就把孙悟空压住了,他的五根手指变成了一座五指山。如来佛祖的拇指、食指、中指、无名指、小指分别重 6 公斤、4 公斤、4 公斤、3 公斤、2 公斤。后来他又在五指山上加了一根手指,这根手指的重量比最轻的手指重 0.5 公斤。于是如来佛祖就问孙悟空他这 6 根手指总共多重?

孙悟空却说:"好小子!你别神气,小心我到你的雷音寺去!"

小朋友,孙大圣不爱数学,你们可别学他喔!算算吧。

71. 诸葛亮和周瑜比摸箭

周瑜很不服气诸葛亮比他聪明。他老是刁难诸葛亮。有一次，周瑜又刁难起诸葛亮来。周瑜事先把一些标有数字 *1* 的白箭，标有数字 *2* 的黄箭，标有数字 *3* 的黑箭装进了一个箱子里。周瑜当着诸葛亮的面从箱子里取了 *10* 支箭，它们的数字和是 *21*。诸葛亮没有看清周瑜取出了几支白箭，但他马上就闭着眼睛算出来了。周瑜赶忙一清点白箭，答案果然正确，他气得吐了一口血。

请问，诸葛亮算出了几支白箭？

72. 一休巧妙算路程

聪明的一休被小东东、小乐乐、小西西请到了操场里当裁判。小东东每分钟走 *120* 米，小乐乐每分钟走 *70* 米，小西西每分钟走 *100* 米。小东东问一休："我们三个人同时同向，从同地出发，沿着 *300* 米的环形跑道行走，我走多少米后可以和小乐乐相遇？"这当然难不倒聪明的一休了，小东东刚一说完，一休就算出来了。

73. 丑小鸭逛商店

丑小鸭好久没有出门上街去逛商店了。今天天气很好，它穿上了漂亮的衣服高高兴兴地去逛商店了。丑小鸭一共逛了 *5* 家商店，每进一家商店花去的钱，要比口袋里的钱的一半还要多 *1* 元，逛完 *5* 家商店后它身上的钱也正好花完。

丑小鸭有点儿笨，它一下子算不出它带了多少钱出门，你帮丑小鸭算算吧！

74. 小阿凡提数手指

小阿凡提是一个非常聪明的小孩。大胖胖是一个坏蛋，他总是想欺负小阿凡提，但总是拿小阿凡提没有办法。大胖胖有一天从数学书里找了一个他做了8天还没有做出来的难题为难小阿凡提。题目是这样的：有一个数加上8，再乘以8，又减去8，最后除以8，结果还是等于8。这个数是多少。大胖胖威胁小阿凡提回答不出来就要挨打。小阿凡提假装数手指来计算，大胖胖冷笑面对小阿凡提。但是小阿凡提只数了两下手指答案就被他算出来了。大胖胖气得自己打了自己一拳。

75. 小猫乐米乐卖鱼

小猫乐米乐在星期天的休闲时间里捕捉了很多鱼。它一下子吃不完，于是它就把一些鱼装进鱼筐里拿到森林大街上卖。

小猫乐米乐把全部鱼的 *1/2* 卖给了第一位顾客，把剩下的 *1/2* 卖给了第二位顾客，然后把剩下的 *1/2* 卖给了第三位顾客，依此这样卖下去，当第六位顾客来买鱼时，小猫乐米乐把最后剩下的 *1/2* 的鱼卖给了他。

那么小猫乐米乐鱼筐里最初有多少条鱼？

76. 两家有多远

又到了星期天，小东东和小西西都有空。于是小东东打了一个电话给小西西，约小西西从家里出发向小东东家走来，小东东也从家里出发向小西西家走去，趁机测量一下两家的距离。

小东东和小西西相向而行，第一次相遇在离小东东家 40 米的地方。两个人依然以原速度继续前进，两个人分别到了对方的家门口后立刻返回，他们又在离小西西家 20 米的地方相遇。小东东和小西西笑哈哈地测量出了两家的距离。

那么两家距离到底是多少米？

77. 难倒小狗史努比

数学老师长胡子山羊布置了两道课外作业，小狗史努比做了两个小时都没有做出来。最后，实在没办法，只好去请教聪明的一休了。

一休看了一下题目：把最小的一位数、最小的两小位数、最小的三位数、最小的四位数、最小的五位数加在一起，得数应该是多少？另外，把最大的一位数、最大的两位数、最大的三位数、最大的四位数、最大的五位数加在一起，得数又是多少？

一休看题目后马上就说出来了答案。

78. 猪八戒算对了

花果山的猴兵们都吵着要它们的头头齐天大圣孙悟空买新衣服给

它们穿，要知道，它们有 500 年没有穿新衣服了。孙悟空决定买 150 件猴衣，颜色分别为红、黄、蓝、白 4 种。孙悟空给猴兵们出了一道题目，算出来了，才买新猴衣。

题目是：如果红色猴衣加上 4 件，黄色猴衣减 4 件，蓝色猴衣乘以 4 件，白色猴衣除以 4 件，那么 4 种颜色的猴衣就一样多，问 4 种颜色的衣服各有多少件？

猴兵们算不出来，只好请来了猪八戒，猪八戒拍了一下肚皮就算出了。

79. 小猫乐米乐养的老鼠

小猫乐米乐养了 115 只老鼠的，因为老鼠们不听话，于是小猫乐米乐立刻把白鼠平均分养在 14 只笼子里，把余下的黑鼠平均分养在 9 只笼子里，正好每只笼子里的老鼠都一样多。老鼠们见小猫乐米乐不好惹，都老实了起来。

请问，小猫乐米乐养了多少只白鼠，多少只黑鼠？

80. 大力水手波勃的力气

大力水手波勃又要出海巡逻去了，当然他没有忘记往他的船上搬菠菜。菠菜的包装有 3 种：长方形、正方形、圆柱形。长方形罐头重量占总重量的一半；正方形罐头重量占总重量的 1/3；圆柱形罐头的重量比正方形罐头少 30 公斤。

大力水手波勃是个聪明的小伙子，他一下子就算出了 3 种罐头各自的重量。

你算出来了吗？

81. 情意缠绵的报警电话

一天，大侦探哈莱金来到皇冠大酒店。他发现在这里喝酒的一伙人，正是国际刑警组织正在缉捕的一伙在逃的走私犯。由于这伙罪犯不知道哈莱金的真实身份，所以谁也没注意他。

为了迅速捉拿这些罪犯，哈莱金用电话通知了警方。哈莱金装着和女友通电话，这伙人听到的电话内容是这样："亲爱的罗莎，您好吗？我是哈莱金，昨晚不舒服，不能陪您去夜总会，现在好多了，全亏皇冠大酒店经理上月送的特效药。亲爱的，不要和目标生气，我们会永远在一起的，请您原谅我的失约，我的病不是很快就好了吗？今晚赶到您家时再向您道歉，可别生我的气呀，好吧，再见。"这伙人听了，大笑不止。可是 5 分钟后，警方突然出现在他们面前，他们不得不举手投降。

你知道这是怎么回事吗？

82. 阿凡提的旅行路程

阿凡提在家里呆烦了，他决定到外面去游玩游玩。于是阿凡提骑上他的那只毛驴出发了。阿凡提的旅游目的地是长城。

阿凡提骑着毛驴走了一半的路程时，他就在毛驴上睡了起来。当他醒来的时候，发现剩下的路程只有在他睡觉时走过路程的 1/4。他眯了一下眼睛就知道了在他睡觉的时候毛驴走过了全程几分之几的路程。

亲爱的读者，你知道吗？

83. 米老鼠给唐老鸭出题目

米老鼠和唐老鸭是邻居也是好朋友。但是唐老鸭总是不服气米老鼠比它聪明，唐老鸭总是缠着要和米老鼠比试智力。米老鼠于是出了一个题目给唐老鸭算，如果算出来了，米老鼠才甘拜下风。

题目是：有一群大雁，1只在前，4只在后；1只在后，4只在前；1只在左，4只在右；1只在右，4只在左；1只在2只中间，3只排成一行，共排了2行。问这样大雁有多少只？队形是怎样排的？

唐老鸭被米老鼠这个题目气得嘎嘎大叫。你帮帮唐老鸭吧！

84. 小熊威克多摘梨

丰收的秋天又到了，小熊威克多、小狗史努比、小猫乐米乐决定到果园去帮果农伯伯摘水果。它们被分配去摘梨。

小熊威克多和小狗史努比共摘梨330千克；小狗史努比和小猫乐米乐共摘梨300千克；小猫乐米乐和小熊威克多共摘梨270千克。它们一摘完梨就计算各自摘了多少梨。

小猫乐米乐比它的伙伴聪明一些，一下子就把它们各自所摘重量算了出来。

你能算出来吗？

85. 阿里巴巴卖香蕉

阿里巴巴从水果批发市场买来了一些香蕉回家乡卖。阿里巴巴把

最好的香蕉定价为 *1.2 元 1 斤*，把最差的香蕉定价为 *0.45 元 1 斤*。阿里巴巴卖最差的香蕉比卖最好的香蕉多卖了 *5 斤*，两种香蕉卖了一样多的钱。

聪明的阿里巴巴很快就把卖了多少最好香蕉和最差香蕉的斤数算了出来。

你能算出来吗？别让阿里巴巴失望噢！

86. 一休预算订报人数

小东东带了一道在课堂上没做完的作业题回家做。但是小东东做了很久还是没有做出来，小东东不想再做下去了，他拿起作业本就去找聪明的一休。

小东东把题目读给了一休听：全班 *42* 名同学都订了报，其中订阅《智力报》的有 *33* 名；订阅《奥林匹克习题报》的有 *28* 名。问有多少同学两种报纸都订了。

一休对小东东说："别急，别急！"一休一闭上眼睛就算出来了。

你比一休算得慢吧？

87. 唐僧计算经书页码

唐僧历经千辛万苦终于来到西天大雷音寺领取佛经。如来佛祖出了一个题目想考考唐僧的智力。如来佛祖对唐僧说："我有一本佛经，它的页码不到 *3000* 页。把这本书的全部页码除以 2 余 1，除以 3 余 2，除以 4 余 3，除以 5 余 4，依此类推，除以 9 余 8。问这本佛经准确页码是多少？"

唐僧一遇到困难总是想到神通广大的孙悟空，现在他只好厚着脸皮扳手指头计算了。他算了好长一段时间才算出来。

你没有唐僧那么笨吧？

88. 唐僧耍赖

唐僧师徒偷吃了镇元子大仙的人参果，但却在镇元子大仙面前耍赖说没吃人参果。镇元子大仙气得要油煎唐僧。唐僧只得说："你的人参果是被我3个徒弟吃了，你要惩罚就惩罚他们3个人吧。他们一共偷吃45个人参果。孙悟空如果原先分4个给猪八戒，再而从猪八戒那里分7个给沙僧，那么他们3个人就吃了一样多"。

镇元子大仙一下子就算出来了。

你知道孙悟空、猪八戒、沙僧各吃了多少个人参果吗？

89. 小猫乐米乐写字

小猫乐米乐、小狗史努比、小熊威克多、小鸭圣吉奥一起练习写字。史努比看到威克多比自己少写8个字，看到圣吉奥写的字数仅是自己的1/2。圣吉奥和史努比写的字加起来，比乐米乐多写8个字。已知它们总共写了264个字，问它们各自写了多少个字？

小鸭圣吉奥、小猫乐米乐很快有了答案。

小熊威克多、小狗史努比急得算不出来。

你也来试试吧！

90. 小东东换泡泡糖

东街大商店有泡泡糖卖，价格是 *1* 角钱 *1* 个。小东东特别爱吃泡泡糖。有一天他又拿着妈妈给他的零花钱去买泡泡糖去了。店老板告诉了他一个最新的消息：*3* 张泡泡糖包装纸可以换回 *1* 个泡泡糖。小东东很高兴，他拿出 *1* 元钱对店老板说："照你这么说，我花 *1* 元钱可以买多少个泡泡糖呢？"店老板笑着问小东东："你自己知道吗？"

小东东不好意思地笑了笑，摇了摇头。

你帮帮小东东好不好！

91. 法海出怪题为难白蛇

聪明善良的白蛇娘娘被金山寺的法海和尚困在雷峰塔下有 *100* 年了。白蛇娘娘一直想出去和家人团圆。于是法海和尚便出了一个题目要白蛇娘娘算，如果算出来了才会放人。

题目是：金山寺有 *100* 个和尚，共吃 *100* 个馒头。大和尚每人吃 *3* 个，小和尚 *3* 人吃 *1* 个。问金山寺各有大小和尚多少个？聪明的白蛇娘娘一下子就算出来了，法海和尚只好放了她。

你知道聪明的白蛇娘娘是怎么算的吗？

92. 阿里巴巴妙算数学家年龄

阿里巴巴做生意发了大财，于是他就用这笔钱开始周游世界。一天，阿里巴巴来到了古代大数学家丢番图的墓前，刻在墓上的碑文是丢番图出的一道数学应用题，要求依题算出他的年龄。

碑文是这样写的：我的 1/6 是童年，我的青年时代占我一生 1/12 的时间，又过了我一生 1/7 的时间我结婚了，5 年后生了个儿子，但是儿子的年龄只是我的一半，儿子死后，我只活了 4 年就去世了。

阿里巴巴看完碑文就算出了数学家的年龄。

你能够算出来吗？

93. 包拯考学位的怪题

宋朝大清官包拯 15 岁考状元的时候，碰到的考题是这样的：

有一些姑娘去买花布，她们同时看上了一布店里的红色布料。于是她们争先恐后地掏钱买，如果每人分 6 匹，就余 5 匹；如果每人分 7 匹，就差 8 匹。问有多少人在分多少匹布？

包拯才思敏捷，一下子就算出来了。

你和包拯比一比吧！

94. 拿破仑操练敢死队员

法国皇帝拿破仑是个足智多谋的军事家，他训练了一支 160 人的敢死队专门打头阵。他为了让这支敢死队时刻保持警惕，于是在半夜三更士兵熟睡时候，突然吹起紧急集合的哨令。领队长官发现有 89 人戴了军帽，有 67 人穿了军鞋，有 10 人军帽没戴军鞋也没有穿。拿破仑马上问领队长官有多少士兵既戴了军帽又穿了军鞋。

领队长官还要去数。拿破仑大喝一声："不要去数了，我早知道了。"

你知道拿破仑算出的答案吗？

95. 孔融摘梨

古代有个聪明的小孩叫孔融，他很喜欢吃梨。有一天，孔融的爷爷带他到自家梨园里摘梨吃。他爷爷要求孔融只准摘右边的 14 棵梨树，又要求他从第一棵梨树摘 1 个梨，从第二棵梨树上摘 2 个梨，从第三棵树上摘 3 个梨。依此类推，只到摘到第十四棵梨树上下来为止。孔融只记得摘梨，不记得数梨了。他刚从第 14 棵梨树上下来的时候，他爷爷马上问他一共摘了多少梨。孔融闭上眼睛就算出来了，他爷爷笑着奖给了他一个大梨吃。

你想吃梨的话，就赶快算吧！

96. 曹冲算灌溉时间

三国时期，魏国的太祖皇帝曹操有一个儿子叫曹冲。曹冲很聪明，曹操非常喜爱他。有一次曹操骑马带曹冲来到一片农田里。他们看到一个人在和一辆水车比赛灌溉农田。于是曹操马上出了一个题目来考曹冲：如果单独用一辆水车灌溉农田的话，5 小时可以灌溉一块农田，如果一个人用水桶提水灌溉农田，要 15 小时才能灌溉一块农田；假如水车和那个人同时灌溉一块农田，需要多少时间灌完？

曹冲马上就说出了答案。

现轮到你算了，开始吧，朋友！

97. 张飞和关羽的年龄

　　张飞和关羽是三国时期有名的武将。他们的威名扬遍天下，但是他们不喜欢别人说他们两个人年老力衰。有一次，有一个小孩不知道他们的脾气来问他们的年龄。张飞问了小孩的年龄后，大怒，说："你太淘气了，这么点年纪就来冒犯我们。你听着，你关羽爷爷的年龄倒着读是你张飞爷爷的年龄数；我和你关羽爷爷的年龄差除以 2 是你的年龄数，你张飞爷爷比你的年龄大 10 倍。你知不知道我们的年龄？"

　　小孩被张飞吓得说不出话来。

　　你快帮帮这个小孩吧！

98. 乐毅长桥排兵点人数

　　春秋时期，燕国有一名大将名叫乐毅，他是一位著名的军事家，有勇有谋，很少碰到敌手。有一次敌军入侵国境，形势十分紧急。当时他正在外地巡察军情，来不及回都城调兵遣将，就立刻在当地召集了一些民兵急急忙忙奔赴前线。他们来到了一座长桥边，乐毅将军队分两排过桥。这座桥长 40 米，每排士兵相隔 0.2 米，速度是每分钟走 12 米，军队从前排上桥到末排下桥共用 8 分钟。乐毅心中一估算，就知道了这支军队有多少人。亲爱的读者，你算出来了吗？

99. 刘备追张飞

东汉末年，汉室王孙刘备为了请出隐居在卧龙冈的诸葛亮，经过三顾茅庐终于成功地请出了诸葛亮。我要讲的是刘备第二次带领关羽、张飞去请诸葛亮的故事。

关羽、张飞刚开始不服诸葛亮，他们要亲自去卧龙冈把诸葛亮捉下山来。于是他们两个人从住所大步朝卧龙冈走去。他们出发的时间是早上8点，关羽每小时走4.5公里，张飞每小时走4公里。刘备得知情况时是上午10点，他立刻快步去追张飞他们，下午4点，关羽和刘备同时到达卧龙冈。问，刘备是什么时候追上张飞的？

100. 哪吒算对了吗

《西游记》里的哪吒小时候可是一个非常聪明的孩子。有一次他父亲李天王带着他去天山游玩。他们回到家后，李天王就出了一个题目考哪吒。他说："刚才我们上山每小时走7千米，下山每小时走8千米，上山所用的时间比下山多用了一刻钟，你能算出从山脚到山顶的距离吗？"

哪吒马上脱口而出："14千米。"

是不是这样的呢？算算吧！

101. 孔子书架上的书

青年时期的孔子收了有100个弟子。孔子的书架有3层，总共放

67

了 450 本书。有一次他问一个弟子:"我从第二层拿 35 本书放到第一层,从第三层拿出 2 本放到第二层,又从第一层拿出 29 本放到第三层。这样一放 3 层的书都相等了,那么原来 3 层各有多少本书呢?"

孔子的弟子当然是非常聪明的,他没眨两下眼睛就说出了答案。

102. 孔子给学生分桔子

孔子招收了一些学生,由于人数太多,他的书房安排不了那么多人。于是他把学生分成了大小两个班。孔子在过春节的时候,买了一些桔子回来准备分给他的学生吃。在分桔子的时候,孔子出了一个题目考考他的学生。他说:"我把这些桔子平均分给两个班,每人可分 3 只桔子。如果只分给大班,每人可得 4 只。假如分给小班呢,每人又可得几只?"

孔子的学生全部回答出来了,他们是同时举手回答的。

你有没有这么快呢?

103. 牛顿数苹果

著名物理学家牛顿来到后院的果园里游玩,他碰到了一个仆人在摘果子。仆人知道牛顿又是用脑过度特地出来休息脑力的。于是他走到牛顿面前出了个非常简单的问题问牛顿。他说:"这个果园的苹果是桔子数的 2 倍。我和你以及另外再加 20 个人来分配,每个人都可以分到 3 个桔子,4 个苹果。桔子分完了,而苹果还剩 120 个。问果园里共有多少桔子和苹果?"

牛顿的脑子太疲劳了,他竟然一个一个去数。而仆人一下子就算出来了。

你快帮帮著名物理学家牛顿吧!

104. 高斯做数学

世界级数学家高斯是德国人,他从小就很聪明。高斯 7 岁那年,家里把他送去上了小学。有一天数学老师布特纳先生出了一道算术题让他的学生做。题目是:$1 + 2 + 3 + 4 + 5\cdots\cdots + 99 + 100 = ?$ 布特纳先生在黑板上刚写完题目,坐在前排的高斯马上就算出了答案,而其他同学做到下课都还没有算出来。

亲爱的读者,你知不知道答案?

105. 鲁智深翻碗

梁山英雄好汉花和尚鲁智深最拿手的游戏就是两只手一下翻转 3 个碗。有一天,他的好朋友林冲拿出 4 个大碗要他翻,并且问他:"4 个碗几次翻得完?"鲁智深想了一下,他一下只能翻转 3 个碗,4 个碗不可能一下翻完。这下可难倒鲁智深了。

亲爱的读者,你说要几次呢?

106. 骆宾王巧算鹅重

唐代的大诗人骆宾王 7 岁就能写出名垂千古的妙诗。他不仅文才绝妙,而且数学天赋也很高。有一次,骆宾王过 8 岁生日时,他爷爷出了一道题目考他。题目是:1 只鹅的重量等于 1 只鸭和 1 只鸡的重量之和,1 只鹅加上 1 只鸡等于 1 只兔子的重量,2 只兔子的重量又等于 3 只鸭的重量。那么，1 只鹅等于几只鸡的重量？

骆宾王只眨了一下眼睛就算出来了。

亲爱的读者，你有没有骆宾王那样厉害？

107. 苏东坡钓鱼

北宋三大文学家苏洵、苏轼、苏辙父子三人共同郊游钓鱼。苏轼别名苏东坡。苏洵是苏轼、苏辙兄弟的父亲，他钓到的鱼是苏东坡的 3 倍，苏辙钓到的鱼是苏东坡的 2 倍，并且只比苏洵少 1 条。于是苏洵和苏辙都问苏东坡钓了多少条鱼。

苏东坡才思敏捷，这个问题根本难不倒他的。亲爱的读者，你没有被它难倒吧？

108. 岳飞妙算拔河比赛

南宋抗金名将岳飞打败了金兵多次进攻，于是奖赏三军，并且举行了一场拔河比赛。左边的参赛人员是 3 个小兵和 2 个大兵，右边参赛人员是 4 个大兵和 1 个小兵。比赛之前人们都知道 4 个大兵的力气和 5 个小兵的力气相当，但左边那 2 个大兵是孪生兄弟，力气特别大，他们的力气是 2 个小兵加 1 个大兵的力气之和。还没比赛岳飞就说出了胜败，赛后结果正是岳飞所说的。

那么岳飞到底是说哪边胜利呢？

109. 唐伯虎借钱还钱

明朝有名的风流才子唐伯虎要进京赶考，他身上的银两不够，于是他就向同路的祝秀才借了 10 两银子。后来祝秀才又要花钱，就向同路的文秀才借了 20 两银子。文秀才身上没钱花了，只好向同路的丁秀才借了 30 两银子。丁秀才实在没办法了，他反过来向唐伯虎借了 40 两银子。赶完考后，他们四个人一同清账还钱。唐伯虎想了一个好办法，只要动用最少的钱就能清完账目。

那么，唐伯虎想的是什么办法呢？

110. 唐老鸭和米老鼠比赛

星期天的时候唐老鸭不知道怎么打发时间，这时它的老朋友米老鼠来找它玩。米老鼠要和唐老鸭玩百米来回赛跑，总共路程是 200 米。唐老鸭一步跑 3 米，米老鼠 3 步只能跑 2 米。米老鼠奔出一步的时候，唐老鸭已经奔出两步，比赛就按这样进行。唐老鸭坚信自己会胜利。

亲爱的读者，唐老鸭会不会胜利？算一算吧！

111. 遗产分配

清朝康熙年间有个大贪官在临终前对怀孕的妻子说："如果生的是儿子，就把遗产的 2/3 分给儿子，母亲拿 1/3；如果生的是女儿，母亲拿 2/3，女儿可得到 1/3。"但是后来他的妻子生下一男一女双胞胎。这下他妻子就为难了，这是她没有预料到的。那么遗产该怎样分呢？

你也想想吧！

112. 岳飞分兵

岳飞又招收了54389名勇士准备抗击金兵。他决定把这些士兵分到各大军营中去。每个军营分到的士兵是一样多，军营的个数比分到一个军营的士兵个数要少。

你知道岳飞的军队里有多少个军营？每个军营分配了多少个士兵？

113. 唐僧扫高塔

唐僧来到一座佛塔拜佛，他看到塔梯很脏，于是他便扫起塔梯来。这座佛塔共有9层塔梯。

塔层越往上，梯级数越上，并且是按一定的数目依次递减。到了第9层塔梯，梯级数为第1层的1/2。唐僧已经知道9层塔梯共有108级。唐僧忘了数各层的梯级数，他只好自己算了起来。

亲爱的读者，你算出来了吗？

114. 原有多少斗酒

武松受人之托去收拾恶棍蒋门神。他要求每过一个酒店请他喝酒。武松出门带了一个酒缸，看到一个酒店，于是就把酒缸中的酒加了1倍，然后喝下一斗酒。他连续遇到酒店加1倍的情况反复了3次之后，酒缸里的酒喝完了。

武松是个粗人，他不知道自己酒缸原有多少酒。

你帮帮武松吧！

115. 关羽和张飞何时回来

刘备、关羽、张飞、赵云又要带兵打仗了。他们都是 1 月 1 日同时出征的，各自带着军队开赴不同的战线。他们约定在下次四个人都回来的那一天聚会。刘备隔 16 个星期回来一次，关羽隔 12 个星期回来一次，张飞隔 8 个星期，赵云隔 4 个星期。

张飞想马上就知道下次聚会的准确时间。

你快告诉他吧！

116. 阿里巴巴的酒量

阿里巴巴非常喜欢喝酒，尤其喜欢喝啤酒。阿里巴巴喝 100 多瓶啤酒不会醉。有一次，阿里巴巴做成功了一笔大生意，赚了很多钱，他决定好好慰劳自己，接着他就到酒店里喝酒。阿里巴巴一口气喝了 96 瓶啤酒。这时酒店经理告诉他，6 个空酒瓶可以换 1 瓶啤酒。他非常精明，他一下了就算出了他这 96 个空酒瓶能换多少瓶啤酒。

亲爱的读者，你能够算出来吗？

117. 嫦娥升天要几天

嫦娥偷偷下凡的事情，让天上的王母娘娘知道了。于是王母娘娘不准嫦娥再回到天上月宫，除非是自己爬天绳爬到天上。嫦娥住不惯人间，没办法，她只好努力地爬高达 *3000* 丈的天绳了。嫦娥白天视力比较好，能够向上爬 *300* 丈，但晚上她看不见，为了安全她只得下滑 *200* 丈。嫦娥有点灰心，她不知道自己什么时候才能重新爬回天上去。亲爱的读者，你帮帮嫦娥吧！

118. 张飞卖肉亏多少

张飞年轻的时候是一个卖肉的。他为人豪爽，有些时候做事不精细。有一次，有个人来他的肉铺里买肉，要买牛肉和羊肉。那个人一共买了 *28* 斤肉，其中牛肉是 *3* 两银子 *1* 斤，羊肉是 *5* 两银子 *1* 斤。但是结账的时候，张飞错把牛肉当成 *5* 两银子 *1* 斤了，把羊肉当成了 *2* 两银子 *1* 斤了，最后那个人一共付了 *100* 两银子。张飞不知道自己亏了还是赚了。

亲爱的读者，你帮帮张飞算算吧！

119. 孔子智算冠军

春秋时期，各路诸侯争霸中原，群雄逐鹿，战争时常爆发。

有一个诸侯建议其他诸侯，不要打混战，一个对打一个，这样比拼才能比出霸主。其他诸侯都同意。于是这个诸侯就请教大学问家孔子，问孔子："照这样比拼下去，要比拼多少场才能决出冠军？"孔子得知总共有 *24* 路诸侯参加比拼，他掐指一算就得出了答案。

你也来算一算吧！

120. 阿凡提养骆驼

阿凡提养骆驼是养出了名的，他养的骆驼寿命特别长，很多人都来买他的骆驼。有一次，一个大商人也慕名来买他养的骆驼。这个大商人自以为有很多钱，瞧不起阿凡提，于是阿凡提便决定难为他一下。

阿凡提告诉大商人："我目前养了 15 头大骆驼，其中共有 23 个驼峰，60 只脚，请问有多少只单峰驼和双峰驼呢？

这个大商人可没有阿凡提聪明，答案最后还是阿凡提告诉他的。

121. 诸葛亮算曹兵

赤壁之战，曹操被孙权和刘备打得大败。曹操来不及收拾残兵败将，就带着他的贴身部队夺路从华容道逃走。刘备的军师诸葛亮早料到曹操会从华容道逃跑，便领兵追了上来。诸葛亮抓住了曹操的一个厨子，于是便问厨子曹操手下还有多少人。厨子不敢泄露，只得要滑说："曹兵在昨天晚上吃了鸡、鸭、鱼总共 130 只，两个士兵吃一只鱼，3 个士兵吃一只鸡，4 个士兵吃一只鸭，这样正好够吃，谁也没挨饿。"

诸葛亮知道曹操的兵力后，大笑，下令追击。

你知道诸葛亮算出曹兵有多少吗？

122. 孙膑与庞涓的智商

战国时期，有两个年轻人共同拜大学问家鬼谷子为师，这两个年轻人叫孙膑、庞涓。有一次，鬼谷子为了测试他们两个人的智商，便出了一个题目考他们：4 个 1 组成的最大的数字是多少？"庞涓笑道："很简单，是 1111。"孙膑边大笑："不是 1111，是另外一个数。"鬼谷子笑着问孙膑是多少。孙膑说："是 1111 的 2.5 亿倍还要多的那个数。"鬼谷子笑着对庞涓说："孙膑说对了，现在你该知道了吧！"

但庞涓还是坚持是 1111。

你算出来了没有？

123. 不留脚印的凶手

在九月初的一个早晨，在海水浴的沙滩上，发现了一名年轻男子的尸体。

他是在被人以刀子刺入腹部后立即死亡的，而那把刀子就掉在尸体旁边，距离死亡的时间大约已有四个小时。

但是，在那平坦而广阔的沙滩上，现场除了被害者的足迹外，再也没有另外的脚印了。而且，看起来也不像是凶手用扫帚将自己的足迹扫掉以后再逃走，或是踩着被害者的脚印离开的。当然，更不可能是坐直升飞机逃走的。

那么，凶手到底是用什么方法，将被害者杀死后，在不留下脚印的情形下离开这广阔的沙滩呢？

124. 杜甫买鹅

唐代大诗人杜甫一生穷困潦倒。他住在成都草堂的时候，靠养鹅为生。杜甫赚了一点钱，又买了 100 只鹅，花去了 100 两银子。邻居来问他公鹅、母鹅以及小鹅各有多少。杜甫说："公鹅是 5 两银子 1

只，母鹅是 *3* 两银子 *1* 只，小鹅是 *1* 两银子 *3* 只，你帮我算一算公鹅、母鹅以及小鹅各有多少只？"

邻居为难了起来。

你知道大诗人杜甫各自买了多少只鹅呢？

125. 东施脸上的痣

古代有一个有名的丑女，名字叫东施。东施认为自己长得丑，她每天都要到河边去照镜子。有一次，她照镜子的时候，发现脸上长了许多痣，她大吃一惊，失手把镜子打碎了。东施一心想知道自己脸上到底长了多少颗痣，于是她就到河边去看看自己的倒影。河神故意把水搅浑了，东施只好问河神她脸上的痣。河神说："你脸上的痣，三颗一数，正好数完；五颗一数，余三颗；七颗一数，也余三颗。你不会这个也算不出来吧？"

东施一算，得出的结果吓得她昏倒了。

这么严重的题目，你敢不敢算？

126. 杨贵妃的浴池水

唐代大美人杨贵妃每次洗澡都要把大浴池里的水放完，然后放进新鲜的活水进大浴池。有一次，有一个女仆人得罪了杨贵妃，杨贵妃决定惩罚她。杨贵妃要女仆 *1* 个小时放完一半的池水。女仆做到了。杨贵妃又要女仆 *20* 分钟放完剩下池水的 *1/2*，女仆也做到了。杨贵妃又要女仆 *20* 分钟放完此时剩下的 *1/3*，女仆又做到了。杨贵妃最后又要求女仆仅用 *20* 分钟放完这时剩下的 *1/4*，这时池水还有 *9* 吨。杨贵妃无计可施，就问这个浴池本来有多少吨水，女仆是个聪明的人，她一下子就算出来了。杨贵妃真想跳进浴池去自尽，因为她感到无地自容了。

127. 曹操数兵器

曹操从小就喜欢耍棍弄枪，他的头脑也很机灵。有一次，他看到一些人在大路上比武，他就跑过去看。有一个人对曹操说："小孩，你看我们比武本来要给钱的，但是你只要看管好我们的兵器，我们就不收你的钱。"曹操答应了，他来到了堆放武器的地方，发现有一堆铁棒整齐规矩地堆放在一起。曹操数了数，铁棒堆成了一个梯形，最上层有 4 根，最下层有 8 根，总共堆了 5 层。曹操心里默默一算，就算出有多少根铁棒了。

你知道曹操算出铁棒是多少根吗？

128. 成吉思汗测试士兵

古代蒙古族的大英雄成吉思汗想征伐中原，于是他就来到阵营里测试士兵的武艺。第一次测试，成吉思汗给 70% 的士兵打了 80 分以上，第二次考试时这个比例上升到 75%，第三次是 85%，第四次则达到 90%。成吉思汗问大军副统帅，在这四次测试中都上了 80 分的学生的百分比至少是多少？

副统帅打仗是行家，但算数却不行了。

你算一算吧！

129. 骆宾王养鹅

唐代大诗人骆宾王喜欢鹅，他自己养了一些鹅。骆宾王养了 E 只鹅，他计划在一天内喂它们吃 F 条蚯蚓。如果每只鹅吃了 G 条蚯蚓，就多吃了 12 条；如果每只鹅吃 16 条蚯蚓，那么就会少吃 7 条。骆宾王问他爷爷："爷爷，你算算，我养了多少只鹅，每只鹅每天吃几条蚯蚓？"

骆宾王的爷爷当然比骆宾王聪明了，他很快就说出了答案。

你算得出来吗？

130. 刘邦和项羽划分地盘

刘邦和项羽将汉中地盘画成了一个边长为 1 米的正方形模块。项羽在刘邦面前十分霸道，他拿起小刀就划去了正方形的 1/3。刘邦也不示弱，拿起小刀划去了剩下的 1/2。项羽接着又划去了剩下的 1/3。刘邦赶忙划去剩下的 1/2。他们分别划了 2 次以后，都在计算各自的面积。

请问，谁划去的面积大？

131. 李白写了多少诗

唐代著名诗人李白有一年写了 2250 首诗。他对他的好朋友杜甫说："我每隔 18 个月写的诗会在 2250 首的基础上翻 1 倍，你知道我一年半后能写多少首诗吗？"

杜甫也是唐代著名诗人，他非常了解李白的创作速度，他闭上眼睛就算出李白在一年半后写了多少诗。

你写过诗吗？那么不妨也来算算！

132. 诸葛亮考刘备

刘备三顾茅庐请出了诸葛亮。诸葛亮在下山的时候突然想考考刘备。刘备愿意回答诸葛亮的问题。于是诸葛亮左手和右手分别握着 2 两银子和 5 两银子叫刘备猜。刘备也是一个聪明的人，他让诸葛亮把左手的银两数乘以 2，右手的银两数乘以 5，并把所得的两个积加起来，只要告诉奇、偶数就行了。

诸葛亮赞赏了刘备的智慧。

你能猜出来吗？

133. 李白和杜甫比报数

著名诗人李白、杜甫、白居易又在一起喝酒吟诗了。白居易才气没有李白、杜甫两个人厉害，他不想跟他们比吟诗。于是他对李白、杜甫说："你们作诗是不相上下的，不如玩一道数学游戏吧，这样才能见输赢。"李白、杜甫说好。白居易的题目是：李白和杜甫轮流报数，每人每次只能报 1 个或 2 个数。从 1 开始，依次递增，谁先报到 30，谁就胜利。李白想胜过杜甫，他应该用什么方法呢？

134. 韩信巧算面积

西汉的开国勋臣韩信在没有当将军之前，一直没有得到重用，很多人都瞧不起他。有一个市井无赖拦住韩信要侮辱他。那个无赖拿出一个长方形木块，然后对韩信说："这个长方形的周长为24分米。如果它的长和宽各增加3分米，得到的新长方形比原长方形面积大多少平方分米？"

韩信算出来后，那个无赖甘拜下风。

135. 乾隆皇帝的卫士

清朝乾隆皇帝有3个密室，密室放着他的宝贝，他派了18个武艺高强的卫士守护。到了晚上，乾隆皇帝命令手下卫士轮流守护3个密室。他调出第一密室的一半人去守护第二密室，第二密室的1/3人去守护第三密室，天亮前，又将第三密室的1/4人调到第一密室，这时，3个密室的卫士相等。

请问，晚上3个密室各有多少卫士守护？

136. 岳飞杀敌多少名

南宋抗金名将岳飞和金军元帅兀术对峙朱仙镇。刚开战两天，岳飞单枪匹马冲到金军大营中杀死了很多金军将领。岳飞安全回到自己军营。这时，金军元帅兀术来挑战岳飞，岳飞迎战兀术。兀术对岳飞说："你今天杀了我多少大将？"岳飞笑着说："今天杀的比昨天的多。

这两天杀的将领之和，再加上这两天所杀将领的积，所得的和是 34。你知道我今天杀了你多少大将吗？"

金军元帅兀术是个傻瓜，他算不出来，最后还是岳飞告诉了他答案。

137. 各带多少支箭

刘备、关羽、张飞 3 个人都没有打败吕布，他们觉得很没有面子。于是他们就跑到森林里打猎。他们带了数目相同的铁箭去打猎。3 个人每人打死了 2 只野雁、1 只狼和 1 只熊，而且都是一支铁箭打死一只猎物。现在 3 人剩下的箭支总数，恰好是 3 人出来时，一个人带的箭支数目。

你知道他们 3 人出发时各带了多少支箭？

138. 阿里巴巴是赚还是亏

阿里巴巴手头里有一批花布要卖出去。恰好有一个阿拉伯商人想要买一批花布，于是他们两个人就讨价还价了起来。阿里巴巴出价 500 元。但是那个阿拉伯商人觉得贵了。阿里巴巴心里暗自算了一下，便对那个商人说："要不这样吧！我剪一尺布，你付我 1 角钱；剪第二尺，你付 2 角；剪第三尺，你付我 4 角钱；剪第四尺，你付 8 角，依次类推。"那个商人觉得很合算，就答应了。阿里巴巴一共卖了 16 尺花布，你知道那个商人付了多少钱吗？

139. 高斯节省木料

大数学家高斯小时候家里很穷。有一次他家里的桌椅坏了，但是他家里请不起木匠师傅来修。于是，高斯自己找来一根长254.5厘米的木料来修桌椅。他算了一下，如果每修一张桌子要用43厘米长的木料一段，修一把椅子要用37厘米长的木料一段，每截一段要损耗5毫米。他用了一个最节省木料的方法，那就是他把这根木料锯成修桌子和椅子所必需的木料根数。

请问，高斯修桌子和椅子各锯了多少根木料？

140. 司马懿假装不知数

三国时期，魏国的曹爽和司马懿暗地里争权夺势，谁也不让谁。司马懿年纪很大了，于是他就在曹爽面前装疯卖傻起来。有一次，曹爽假装到司马懿家里去看望司马懿。曹爽告诉司马懿："我和你一样，也有两个儿子。"司马懿问曹爽："你小儿子多少岁了？"曹爽说："18岁。"司马懿假装说："33了！"接着又问："你大儿子呢？"曹爽说："24岁了。"司马懿又假装说："44岁！"曹爽说："我30岁了。"如果司马懿按前两次的说法，他会把30岁说成多少岁？

141. 大力水手波勃排列面包

大力水手波勃小时候喜欢吃面包。有一次，他妈妈买了一些面包回来，波勃就要抢着吃。他妈妈拦住他，说："我先考考你，你回答出来，我才让你吃。"波勃眨了眨眼睛答应了。他妈妈说："如果要把 10 个面包排成一排，其中每个面包隔 2 个面包可以移到第 3 个面包那里去。那么，你要怎样去排列，才能使 10 个面包分成等距离的 5 堆，而每堆有 2 个面包呢？"

这个问题问得波勃握起了拳头要打人。

你帮波勃算一算，排一排吧！

142. 祖冲之算菱形边长

数学家祖冲之成功地将圆周率推算到小数点 7 位数后，很多年轻人都慕名跟他学数学。有个年轻人自以为数学学得比祖冲之还要好，他出了一个题目来考祖冲之：有一个圆，直径为 10 米，圆里面有一个内接圆的长方形，如果依次连接长方形的四条边的中心，那么连出来的图形就是菱形，问这个菱形的边长是多少？

祖冲之闭着眼睛就把答案写在了纸上。

你不妨也试一试？

143. 数学家死于哪一年

小东东和小西西一起看一本介绍一位伟大的数学家的书。这位数学家生于 19 世纪，也死于 19 世纪。小东东他们已知他出生和去世的年份都是 4 个相同的数字组成的，但排列的位置却不同。他的出生之年，4 个数字的和为 14，他去世的那一年的年份中十位数比个位数大 4 倍。小东东和小西西算不出数学家死于哪一年。

你算出来了吗？

144. 李逵借斧头

梁山泊英雄李逵打仗的时候使用的兵器是斧头。有一次，他因为喝了太多的酒，把插在腰间的斧头都给丢了。于是他就去跟鲁智深借斧头。鲁智深打造了很多斧头，有大斧头有小斧头。鲁智深对李逵说："我这里有一些大斧头和小斧头。小斧头是大斧头的 2 倍，假如我从这些斧头里每次取 4 把小斧头，再取 3 把大斧头，这样取下去，等大斧头取完了，小斧还有 16 把。你算算大小斧头各有多少把？"

李逵气得要拿斧头和鲁智深打架，因为这个问题太难了。

145. 小西西买大西瓜

小西西对小东东说："你想不想吃大西瓜？你想不想吃巧克力？"小东东笑道说："我早就买了，瞧，在这里。我买了 8 颗巧克力和一个大西瓜，一共用掉了 15 元钱，这 8 个巧克力的价钱都是相同的，如果 2 个巧克力的钱加起来，再加上 10 元钱，就是那个大西大瓜的钱了，你知道巧克力和西瓜各多少钱？"

你知不知道？

146. 关羽和张飞赛跑

张飞老是想和关羽一较高低，于是他们又举行一场骑马比赛，赛程是从汉中骑到汉东，然后再从汉东骑到汉中。关羽从汉中到汉东的时候是顺风，所以速度是每小时 20 公里。关羽从汉东到汉中的时候是逆风，所以速度是每小时 15 公里，来的时候比去的时候少花 5 个小时。于是关羽问张飞："你知道从汉中到汉东一共是多少路程吗？"

张飞说："我不知道，你气死我了！"

你知不知道呢？

147. 唐老鸭发明新自行车

唐老鸭好久没有出门和它的朋友玩了，原来它是在家里搞发明创造。它的发明创造终于成功了，它发明了一种新自行车。米老鼠消息最灵通，它跑到唐老鸭家里先睹为快。唐老鸭对米老鼠说："我们用这种新自行车比赛吧！"米老鼠说："怎么比？"唐老鸭说："从我家到你家总共是 24 千米，就比这往返路程。"唐老鸭以每小时 20 千米的骑车速度，米老鼠的时速每小时 16 千米，返回的时候是 24 千米每小时。这样，谁将胜利？

你知道吗？

148. 孔子卖书

大教育家孔子写了很多书，印刷成大小两种开本。孔子的学生交不起学费，没办法，孔子最爱搞教育，他就拿着他的书去卖。糟糕的是，他写的书不好卖，实在没办法，他只好降价卖书了。有一个年纪和他一样大的人来买他的书，就问孔子："你的书怎么卖？"孔子赶忙说道："4 本大书和 3 本小书一共只要 15 元，如果买 3 本大书 4 本小书的话，只要 13 元。你算算大本书和小本书各是多少钱一本吧。"

那个人很快算了出来，并且买走了 4 本书。

149. 小东东坐火车

小东东全家外出旅游，乘坐的是一列大火车。他坐的火车的速度是每小时 45 公里。他看着窗外的风景，突然看见迎面开来一列速度为每小时 36 公里的火车。小东东看了一下，这列火车从头到尾完全开过去，只用了 8 秒钟。

请问，这列迎面而来的火车，一共是多长？

150. 小猫乐米乐折馅饼

小猫乐米乐买了一个大馅饼。这个大馅饼花了它一天的零花钱，它舍不得一下子就吃完。乐米乐在想是不是把大馅饼折起来吃会更加好吃呢。于是它就折了起来，它想把馅饼折成相等的两半，可是第一次折，第一段比第二段长了 1 厘米，第二次折，第二段又比第一段短了 1 厘米。现在问你留在馅饼上的两条折痕之间的距离是多少厘米？

151. 小数学家和大数学家的较量

大数学家碰到了小数学家，小数学家名气没有大数学家大，但是他不服大数学家比他聪明。于是大数学家就出了一个题目要小数学家回答："我给你 1、2、3 三个数字，你知道这三个数字组成的最大数字是什么吗？"

小数学家马上接口："不就是 321 吗，太简单了。"大数学家说他说错了。

你知道真的答案吗?

152. 赵子龙和曹兵交战

三国时期,蜀国大将赵子龙武艺高强,未逢对手。有一次,他单枪匹马杀入曹军大营。有1个曹兵联合8个曹兵来围攻赵子龙,但打不过赵子龙。于是,每个士兵回军营各找来8个士兵来围攻,还是打不过;每个士兵又回军营各自找来8个士兵;仍然不行,于是,每个士兵又各找来8个士兵,这样才打了个平手。

你知道,赵子龙和多少个曹兵交战吗?

153. 李逵打猎

李逵喜欢打猎,他打了一些老鹰和一些野狼。他把鹰狼混装进两个笼子就往家里赶。他左手提着的那个笼子鹰狼共有8个头22只脚,他右手提着的那个笼子鹰狼共有7个头22只脚。

你算算每笼各有多少鹰和狼?

154. 诸葛亮借兵器

大军事家诸葛亮打了很多胜仗,曹操非常惧怕他。有一次,曹操打造了一批十分锋利的兵器。假装要送给诸葛亮。诸葛亮得知那批兵器里面有刀、枪、剑共20把,他想让他的手下将领换上这批兵器,于是就去借曹操的兵器。曹操笑着说:"这好办,我有一个题目要问你:刀数多于枪数的7倍,少于剑数的8倍。你算算刀剑枪各有多少?"

诸葛亮马上就算出来了，曹操不得不借给诸葛亮兵器。

155. 小东东数骆驼

小东东到动物园去看大象、单峰骆驼、双峰骆驼。小东东数了数这些动物的头、脚，他发现大象、单峰骆驼、双峰骆驼共有 24 个头，60 只脚，23 个驼峰。动物园的管理员问小东东："大象、单峰骆驼、双峰骆驼各有多少头？"

你知道吗？

156. 阿里巴巴开餐馆

阿里巴巴觉得开餐馆能赚大钱，于是他就开了一个名叫麦肯烧鸡的餐馆，他这个餐馆专门卖烧鸡。开张第一天，他对吃烧鸡的人特别留意：有 9 个人用醋，11 个人用酱油，而两样都用的人数等于什么都不用的人数的 3 倍，什么都不用的人不止一个。

你知道有多少人吃烧鸡吗？

157. 刘备奖励多少人

蜀国打了胜仗，刘备要奖赏有功将士。他取出了 38 块金牌，关羽、张飞、赵云各奖了 1 块，剩余 35 块金牌奖给其他将士。刘备原计划大将发 6 块金牌，中将发 3 块金牌，上将发 2 块金牌。后来为了重奖大将，于是改为大将发 13 块金牌，中将发 4 块金牌，上将发 1 块金牌。

刘备问军师诸葛亮："大将、中将、上将各有多少人？"
你知道吗？

158. 杨志卖了多少刀

梁山泊英雄杨志没钱了，他只好推着一车的大刀去卖。有一个青年人、一个中年人、一个老年人来买杨志的刀。青年人买了整车刀的一半零 7 把，中年人买剩下的一半零 7 把，老年人又买了剩下的一半零 7 把。这时，刀刚好卖完。

杨志一下子就算出他原来车上有多少把刀。

你算出来了吗？

159. 武松、李逵、林冲喝酒分肉

梁山泊好汉武松、李逵、林冲又相会了，于是他们决定喝酒。他们买了酒又买了一些牛肉。他们把酒一喝完，都醉了，牛肉一块都没有吃。武松第一个醒来，他把牛肉分成 3 份，剩下一块他一口吃了，拿走了 1 份，又把剩下的两份堆在了一起。李逵第二个醒来，林冲第三个醒来，他们都像前面那个人那样分牛肉。

请问，原来有多少块牛肉？

160. 曹操的试题如何算

曹操年纪大了，他决定在他最宠爱的儿子中选一个继承他的位置。他筛选出了曹丕和曹植，曹操最宠爱他们俩个人了。他不知道选哪一

90

个好。于是他出了一个题目：曹丕和曹植比射箭，各自射 40 支箭。曹丕觉得自己射得快，就从曹植那里拿来 5 支。不料曹植越射越快，他反而从曹丕那里拿来 10 支，最后全部射完。

曹操问曹植："你比曹丕多射了多少支？"

曹植很快回答了。

161. 阿凡提占阿里巴巴的便宜

阿凡提碰到了阿里巴巴，他想占阿里巴巴的便宜。他们两个人一共掏出了 64 元钱，阿凡提和阿里巴巴掏的钱数不相等。阿凡提拿出和阿里巴巴一样多的钱放到阿里巴巴的口袋；阿里巴巴拿出和阿凡提相等的钱放到对方口袋；阿凡提和阿里巴巴就这样经手多次，最后两个人口袋里钱一样多。阿凡提这时后悔了，因为他少了钱。

你知道他们原来各有多少钱吗？

162. 唐老鸭减肥后有多重

唐老鸭、米老鼠、小狗史努比一个月不见都长胖了，而且胖得很厉害。它们在秤上称了体重，唐老鸭和史努比一共是 188.6 斤；唐老鸭和米老鼠一共是 182.4 斤；史努比和米老鼠一共是 184.2 斤。

请问，它们各自有多重？

163. 小熊威克多喂鸡

小熊威克多喜欢吃鸡蛋，它首先养了 37 只母鸡。它用 37 公斤的

米喂给 37 只母鸡吃了 37 天。后来它又买 36 只母鸡，总共 73 只母鸡。这 73 只母鸡 73 天生了 73 公斤蛋。小熊威克多比较笨，它不知道生 1 公斤蛋要喂多少公斤米。

你知道吗？

164. 当车

某人驾了一辆名车劳斯莱斯到了 B 城，他跑进一家当铺，问当铺老板："我要当 20 块钱。"

"你用什么来当？"当铺老板问。

这人指着停在外面的那辆车："这是车子的证书，这是车子的钥匙。"

3 天之后，他跑去了当铺，交回 20 块钱，另交了 5 块钱作利息。

当他走出门口时，当铺老板忍不住问道："你们这种有钱人，难道还缺 20 块钱？"

那人回答以后，使老板啼笑皆非。

试问，那人是怎样回答的呢？

165. 巧设电梯

新设计的环形贸易中心大楼共有 7 层。为了节省时间，加速顾客的输送，计划安排一定数量的电梯。

现在，计划每架电梯只停靠 3 个楼层。为了使各层楼面的顾客都能乘电梯直达他所要去的基地层楼面，包括最低层，你能否计算出在这一幢 7 层大楼中，最少要设置几架电梯？每架电梯又应该停靠哪 3 个楼层？

166. 花了多少钱

小青去植物园春游，回来以后爸爸问他春游花掉了多少钱？小青并不直接回答，却调皮地说："我带出去的钱正好花了一半。剩下钱的'元'数是带出去钱'角'数的一半，剩下的钱的'角'数和带出钱的'元'数一样多。"爸爸算了一下，知道了小青出去带了多少钱，花掉了多少钱，剩下了多少钱。

你知道这些数字吗？

167. 连衣裙的价格

一个服装店的老板，按照自己的方法为衣物标价：
花短裙子：20 元；
背心：10 元；
女长筒袜子：25 元；
领带：10 元；
中山装：15 元。
请你用同样的方法为"连衣裙"标出价格。

168. 谁最后离开

1～50 号运动员按顺序站一排，"一、二"报数，队长让报单数的运动员离开队伍。剩下的队员重新报数，新的单数队员又离开了队伍。

请问：哪号运动员最后离开队伍？

169. 管仲买鹿

齐桓公依靠管仲把国家治理得很好，征服了许多割据一方的诸侯国。但是，楚国却不肯听齐国的号令，若不能征服楚国，齐国就不能成为中原霸主。那么，如何征服楚国呢？

齐国好几位大将向齐桓公请战，要求率重兵去打楚国。担任相国的管仲却连连摇头，他对将军们说："齐楚交战，旗鼓相当，够一阵拼杀的。战争将用完齐国辛辛苦苦积蓄下来的粮草。更何况，齐楚两国几万生灵将成为尸骨。"

将军们哑口无言，都用询问的目光注视着功劳卓著的管仲。管仲却不慌不忙，带领许多人看炼铜去了。

一天，管仲派一百多名商人到楚国去购鹿。鹿是齐国稀少的动物，仅楚国才有。但楚人只把鹿作为一般的动物，用很少的钱就可以买一头。

管仲派去的商人按管仲的授意，在楚国到处扬言："齐桓公好鹿，不惜重金。"

齐国商人抬价购鹿，三枚铜币一头。过了十天，加价五枚铜币一头。

楚成王和大臣闻知此事后，颇为兴奋。他们以为繁荣昌盛的齐国即将遭殃，因为十年前卫国的国君因好鹤而把国亡了，齐桓公好鹿，正在蹈其覆辙。楚成王想，等齐国大伤元气后，我们好取而代之。

管仲竟把鹿价又提高到40枚铜币一头。

依靠这一办法，不久，齐国征服了楚国。

试问，这是什么道理呢？

170. 小白兔摸黑装信

小白兔有 4 位朋友，他们是小山羊、小黄牛、小松鼠、小浣熊，他们经常书信往来，感情非常亲密。

有一天晚上，小白兔分别给 4 位朋友写信，当它写好信笺和信封正要分装时，突然停电了。小白兔摸黑把 4 封信装进信封里，每个信封要对号装一页信瓤。兔妈妈说："这么黑你会装错的。"小白兔说："我估计最多只有一封信装错。"

请问：小白兔的估计正确吗？为什么呢？

171. 准确的判断

在一个金属加工厂的车间里，有 4 块锡皮，它们的面积和厚度都相同。车间要用这 4 块锡皮做容器，分别从中剪去了一部分。车间工程师王叔叔考问徒弟小张，要小张用最简单的办法判断剩下的锡皮，哪一块的面积最大？哪一块的面积最小？小张青出于蓝而胜于蓝，很快用最简单的办法算出了剩下的 4 块锡皮的面积。

请问：小张采用的是什么办法呢？

172. 有奖摸乒乓

在灯光市场上，一家商店举行摸奖销售。在摸奖箱里，装有 8 个蓝色乒乓球，15 个白色乒乓球，12 个黄色乒乓球。商家宣布，顾客伸手在箱中摸出两个相同颜色的乒乓球，那就有奖。因为盒子又深又黑，摸乒乓只能靠运气了。

请问：那最少要拿出多少个乒乓球才能确保有一对同色的乒乓球？

173. 苹果、梨、菠萝巧搭配

在一个水果店，有许多的苹果、梨和菠萝等。柜台上放有一架标准的天平。售货员在称水果时，如果在天平上放一只苹果和一个柚，就与另一端的菠萝重量相同；如果在天平一端放上一个柚子，就同一个苹果和一个梨子的重量相同；如果在天平一端放上两个菠萝，那么就和3个梨子一样重。那么，你知道一个柚子的重量等于几个苹果的重量吗？

174. 贺年卡的价钱

动物园的邮局发行新春有奖贺年卡。贺年卡设计精致，价格不等，满足了不同动物的要求，动物们争相购买。小兔买了10张，寄给了远方的好朋友；小狗买了5张，寄给了远方的同学。小狗比小兔省下了3元钱。

请问：它们谁买的贺卡要贵些？每张贺卡多少钱？

175. 巧妙回答爸爸

娟娟每天都坐公共汽车上学。离娟娟家门不远处，有一个公共汽车站。汽车和电车都是隔10分钟就来一次，票价也一样，只是汽车开过之后，隔3分钟电车才开来，再过7分钟下一趟汽车才又开来。

有一天，爸爸问娟娟："根据这两种车的时间特点，你每天乘哪种车更好些?"娟娟稍一思索，就准确地回答了爸爸的提问。

你知道娟娟是怎样回答的吗?

176. 多出几个洞

小熊是个足球迷，他每天都要踢足球，因此他的鞋袜都非常容易破，几乎一个月就要穿破 3 双袜子。第一双袜子破了 1 个洞，第二双袜子破了 2 个洞，第三双袜子破了 3 个洞。妈妈让小熊数一下，这些袜子一共有多少个洞。调皮的小熊却说有 12 个洞。

请问：小熊说得对吗?

177. 动物游乐园怎样走

在昆虫王国里，蜻蜓有 6 条腿、2 对翅膀；蜜蜂有 6 条腿、1 对翅膀；蜘蛛有 8 条腿，没有翅膀。有一次，蜻蜓、蜘蛛和蜜蜂，组成了一个共有 18 个成员的小小动物游乐园。他们这个团里共有 118 条腿，20 对翅膀。

你认为这个小小动物游乐园中，蜻蜓组拥有多少名成员? 蜜蜂组拥有多少名成员? 蜘蛛组拥有多少名成员?

178. 有折痕的四边形

在数学课上，张老师拿着一张长方形的纸沿中轴线对折了一次，然后再交叉着沿中轴线对折了一次。最后，张老师打开这张纸问：

"这样把这张纸对折，一共有几个有折痕的四边形？"

王玉同学说有 *4* 个，教师摇了摇头；李秀同学说有 *9* 个，老师摆了摆手。

其实这是一个简单的问题，可是他们都错了。到底有多少个呢？

179. 巧妙过河

从前，有两个生意人分别来到了一条小河的两岸，他们望着湍流的河水，都想到对岸去。河面有一丈宽，河水很深，但河上又没有桥，两个人都不会游泳，但他们必须过河，河两岸却只有一块 *8* 尺长的木板。他们望着木板，终于想出了一个办法，两个人都顺利地渡过了河。

请问：这两个人是想了什么办法过河的呢？

180. 男生女生是多少

下课后，有许多学生没有出教室。明明站了起来，他看到教室里坐着的男生人数只有女生人数的 *1/3*，明明坐了下来。莉莉站了起来，她所看到的男女生人数相等。

请问：在教室里的男生女生各有多少人呢？

181. 三个人抬两根树

从前，有个凶狠的地主，到了年终要给长工结工钱的时候，地主却恶狠狠地对 *3* 个长工说："要结工钱，必须做好一年的最后一件事情，否则休想要钱。"然后地主叫 *3* 个长工到山上去，每人抬两根圆木回来，一共是 3 根。3 个长工一商量，便每人从山上轻轻松松地扛着一根圆木回来了，然后按商量好的样子，把三根树摆好，叫地主来检验。地主一看，找不出什么毛病，只好给 3 个长工结账。

请问：3 个长工是怎样摆放树木的？

182. 橡皮筋捆铅笔

在智力课上，李老师叫同学们亲自动手，用 4 根橡皮筋捆 9 支铅笔，每捆铅笔都必须是奇数。有的同学捆来捆去，怎么也没有捆出来。小聪却没有用多大的工夫，就按李老师说的捆好了。李老师看了，赞不绝口。

请问：小聪是怎么捆的呢？

183. 破碟子的重心

小洁和小美看完精彩的杂技表演后，都为杂技演员的精湛技艺所倾倒，都想学到一手杂技表演的"绝活儿"。小洁和小美到杂技表演室向师傅们请教，王师傅教她们转转碟，把塑料棍头上的针顶在碟子的重心处就可以使碟子转起来。小洁和小美问王师傅，要是转一只破碟子，怎样才能找到这只破碟子的重心呢？

请问：王师傅该怎样回答呢？

184. 姐妹年龄谁最大

小凤与小兰是很好的朋友，她们俩以姐妹相称，但不知道谁的年龄大。只知道小凤再过两年，年龄就是两年前的两倍；而小兰 3 年前的年龄刚好是 3 年后年龄的 1/3。女孩都不愿说出自己的年龄，我们也不好问她们，我们只好去计算她们的岁数了。

请问：小凤与小兰今年各是多少岁？小凤、小兰她俩谁大些？

185. 男女同学多少个

有一次，明明到展览馆去参加画展。在这之前，他得知全校共有 120 名同学参加。当他到了展览会上发现，在这些同学当中，任意两个同学中至少有一个是女同学。他感到奇怪，到底是学校有意的安排，还是偶然的巧合呢？明明说不清是什么原因。

请问：参加这次展览会的女同学和男同学各有多少名呢？

186. 蜡烛难题怎么算

兔妈妈给小白兔出了一道难题：桌子上点有 9 根蜡烛，一会儿被风吹灭了 3 根，又过一会儿，又被风吹灭了 2 根，到最后还剩下几根蜡烛。

小白兔算了一下，跳着说：真简单真简单，但兔妈妈说小白兔没算对。小白兔又抓起脑袋来，但怎么也没有算出来。请问：最后还剩几根蜡烛呢？

187. 苹果树上的苹果

小叶家的院子里有一棵苹果树，苹果树上结了 20 个熟透的红苹果。这天晚上突然刮起了狂风，把树上的苹果吹落了一半。小叶的爸爸看到苹果都掉了，于是伸手把树上的苹果摘了一半，还有许多苹果结在树梢，小叶的爸爸根本摘不到。小叶想数一数树上还有多少个苹果，但太阳刺眼，她怎么也看不清。

请问：苹果树上还有多少个苹果呢？

188. 一盒粉笔有多重

霞霞想知道一盒粉笔有多重，但她面前只有一架无码的天平。霞霞想了想，她要用这架无码的天平称出一盒粉笔的重量。她在天平的一边秤盘里放一整盒粉笔，在另一边秤盘里放了 2/3 的粉笔和 30 克重的砝码，天平于是平衡了。霞霞就知道了一盒粉笔的重量了。

请问：一盒粉笔有多重？

189. 巧算登山的平均速度

在一次夏令营中，同学们进行登山活动。上山的时候，同学们每小时走 2 里路，登上山顶后，同学们再从原路返回了地面。下山时每小时走 6 里路。到了山下的宿营地，班长问大家："我们登山时的平均速度是多少呢？"小杰很快回答到："上山 2 里，下山 6 里，平均 4 里。"

请问：小杰说得对吗？到底是多少呢？

190. 多少学生在赛跑

学校举行运动会，有几名学生报名参加了长跑比赛。比赛开始，运动员们向终点跑去。其中小杰跑在两个运动员的前面；小江跑在两个运动员的中间；小文跑在两个运动员的后面。几名运动员风一样跑过，看不清是多少名运动员在赛跑。请你计算一下，到底有多少人参赛呢？

191. 不是三角形的旗

有一个骗子，他对一个人神秘地说："我家收藏有一面旗子，是三角形的，大概是清朝年间的青龙旗，很值钱的，我想便宜一点卖了。"这个人问他："你那块三角形旗有多大？"骗子说："我只记得这面旗子的三边分别长为2.5尺、2尺、4.5尺。"这人一听笑了笑说："你在骗我吧。"

请问：这人是怎么识破骗子的？

192. 篮球比赛多少分

昨天，初三（2）班与（1）班进行篮球比赛，但是文文因参加乒乓球比赛没有看成篮球比赛。他问李红（2）班与（1）班两队的比分情况怎样。李红说："（2）班得分加上7分，就比（1）班多1分；（2）班和（1）班的总分是100分。文文说："我知道比分了。"

请问：（2）班和（1）班篮球比赛各得了多少分？

193. 水中巧脱险

两个探险队员用软梯攀下一个深谷。他们发现谷底有一个洞穴，于是就用木棒捅了捅洞穴，忽然大量泉水从洞穴涌出，刹时水位就到了腰部，并还在不断上涨。两人都不会游泳，又没带潜水救生用具，只有立刻攀软梯出谷。但软梯只能负重120公斤，而他们两人的体重共150公斤。如两人同时攀梯，可能将软梯压断。若先后攀梯而上，但又来不及。但他们还是想出了一个办法脱了险。

请问：他们用的什么办法呢？

194. 怎样找猪娃娃

猪妈妈带着它的猪娃娃们到外婆家，它们要经过一条小河，猪妈妈叫一个大猪娃娃做小队长，排队点数。猪队长从前数到后，又从后数到前，不论怎样都少了一只小猪。猪妈妈又叫一只最小的小猪来点数，数来数去还是少一只小猪。猪妈妈以为走丢了一只小猪，难过地哭了起来，还带领小猪们往回走，分散四处寻找。

你能帮猪妈妈找到走失的猪娃娃吗？

195. 指头是多少

有一天，老师考朱朱一个问题："人的手有10根手指头，那么10只手有多少根手指头呢？"朱朱觉得太简单了，随口回答道："不就是100根吗？这还用得着考问。"老师笑了笑说："再想一想。"朱朱仔细一想，觉得自己太粗心大意了，他及时回答了老师。

请问，你能迅速回答出这个问题吗？

196. 树上有多少个苹果

一大片树林中有一棵苹果树，苹果树上结了一个红色的苹果，红红的大苹果映着阳光，很让人眼馋。

有一群猴子来到树林里，它们一边走一边寻找食物。走在最前边的那只猴子突然发现树上的大红苹果，蹿上树去。其余的猴子也发现了大红苹果，一个个馋得直流口水，纷纷往树上爬，去争夺那个红苹果。请问，树上有几个苹果、几只猴子？

197. 还剩几个梨子

妈妈买了一篮梨子，吃了之后剩下 7 个梨子放在篮子里，篮子放在桌子上，妈妈去上班了。妈妈走了一会儿，能能想吃梨子，但他够不着，就站在小板凳上踮着脚尖去拉篮子。结果把篮子拉翻了，篮子里的梨子全倒了出来，有 4 个梨在桌上，有一个不知滚到哪里去了，能能到处都找不着。能能只好把桌上的梨拾进篮子里。有一个梨不见了，能能虽然怕妈妈回来责备，但管不住自己的馋嘴，就吃了一个梨。请问，篮子里还剩下几个梨？

198. 画圆又画方

灵灵在做作业时，总想看动画片，眼睛痒痒的，趁爸爸妈妈不注意，就偷偷地瞄电视。

有一天晚上做作业时，灵灵又偷偷地瞄电视，爸爸看见了批评说："做事要一心一意，决不能一心二用。假如用右手画一个圆，用左手圆一个正方形，那么两样都画不好！"灵灵眨眨眼睛调皮地说能够画好，立即就开始画。他不仅画好了圆，也画好了正方形，爸爸都愣住了。请问他是怎么画的？

199. 数数窗格

兵兵家的窗户是用木条做成的，木条分成很多格子，每一格都是同样大小的正方形。兵兵每天都望着他家的窗户数着方形格子，但数来数去怎么也数不清。你能把兵兵家的窗户格子数清吗？当然不论大小，一个也不要漏掉，看看到底有多少？

200. 一共打猎多少只

小军的爸爸和叔叔十分喜欢打猎，小军总是跟随爸爸出猎，每次都满载而归，小军真有一种凯旋的感觉。

上个星期，小军的爸爸又到山里打猎，他没有跟爸爸一同前去，好不容易盼回爸爸，小军兴冲冲地问爸爸打了些什么东西。

爸爸笑着说："我打了9只没尾巴的山鸡，6只没头的兔子，叔叔打了8只半个身子的豹子，你看我们一共打了多少猎物？"

小军挠着头一时想不起来，他搞不明白爸爸到底打了些什么猎物。你知道小军的爸爸和叔叔打了些什么东西吗？

201. 巧算车牌号码

小王的自行车晚上被偷走了，他到派出所报案。派出所同志询问他车牌号码时，他却记不清号码是多少了，只知道车牌号码的 4 个数字中没有零，各不相同，而且百位数比十位数大，千位数比个位数大 2。如果把号码从右往左读，再加上原来的车牌号码，等于 16456。

你知道小王的车牌号码是多少吗？

202. 千军万马是多少

绘画课上，老师布置了一道题，要求学生以千军万马为内容作一幅画。大部分学生都在纸上密密麻麻地画了许多士兵和马匹，但老师看了都不满意。

小灵画完了，老师一看非常惊喜，称赞小灵是一位可造之才。可画上连一兵一卒都没有，只有一个马头，这怎么算是"千军万马"图呢？老师为什么赞不绝口呢？

203. 巧带钢坯

张工程师到外国去考察，发现了一种钢坯，正是国内一种设备上需要的，于是他买下了钢坯准备带回国内。当他购买返程机票时，发现这个国家对乘客规定随身所带的货物，长宽高都不准超过 1 米。而这根钢坯虽然直径只有 2 厘米，但长度却达 1.7 米，该怎么办呢？张工程师终于想出了一个绝妙的办法。第二天，钢坯果然被巧妙地带上了飞机，既没有截断钢坯，又没有违反规定。你知道张工程师用了什么样的办法吗？

204. 水池共有几桶水

从前，一个国王听说有个孩子非常聪明，就想见识见识。大臣们把这个聪明孩子找来，国王就问他："王宫前面有个小水池，你说里面共有几桶水？"

这个孩子眨了眨眼，立即回答出来。国王听后，被孩子的聪明才智折服了，于是把他接进王宫进行培养，希望孩子长大后为国家贡献聪明才智。

请问：这个孩子是怎样回答国王的？

205. 小狗跑了多远

爸爸带着明明和小狗到公园去溜达，明明与小狗蹦蹦跳跳地跑在前面，过了 10 秒钟后爸爸才出门。爸爸刚出门，小狗回头看见了，就向爸爸跑来亲了一下爸爸的脚，又向明明跑去，跑去亲一下明明后又向爸爸跑来，小狗在爸爸与明明之间来来回回地跑着。假设小狗的速度为 5 米/秒，爸爸的速度为 2 米/秒，明明的速度为 1 米/秒。当爸爸追上明明时，小狗一共跑了多少路程？

206. 奇瓶的容积

在一次试验课上，老师拿着一个奇形的瓶，他要求同学们以最快的速度算出这个瓶子的容积。同学们都争着为瓶子测量周长、直径等，忙忙碌碌地演算起来。小聪却拿起这个奇怪的瓶子，他并没有用笔演算，就得出了这个瓶子非常精确的容积，他的方法令老师和同学们大为惊讶。

请问：小聪用的是什么方法？

207. 有多少本书

放假后，小凡整理自己的小书架。他发现自己 500 册藏书中，已有 5 本书损坏了。另外，他的借书登记本上写着：小明借去 4 本，小刚借去 6 本，这些都没有还，还有 2 本书前几天被小妹妹弄丢了。

小凡刚整理完，他的同学来了，他问小凡："你还有多少本书呢？"

你猜小凡是怎样回答的？

208. 两个数字的意思

几何考试评完分后，张老师气愤愤地走上讲台，将一大叠试卷重重地掷在桌子，神色严肃地说："这次几何考试，大家考得太差了，只有 3 名同学及格。"

同学们都感到了问题的严重性，教室里顿时安静下来。

张老师说："我告诉大家，干任何事情都不容易。我送你们两句话。"张老师说着在黑板上写下了"1111"和"1001"两个数字，却不是两句话。同学们都不知道什么意思。你知道是什么意思吗？

209. 题目出错了吗

胖胖的江老师喜欢出思考题，一次她出了这样一道题："射手向靶子射了 5 支箭，成绩是 37 环。请问这 37 环是怎样射得的？"

同学们赶紧去算。算了一会儿，只听到小玲玲举手说："老师，这道题是不是出错了？"小冬冬则说："是不是少了条件？"

江老师笑着说："题目一点都没错！请大家再好好想想。"

既然题目没错，那么这个射手是怎样射的呢？

210. 吃了多少鸡蛋

李员外有几个很顽皮的儿子。一次李员外带他们到舅舅家里去玩。几个人一进门就嚷："舅舅，肚子饿了！"舅舅忙叫舅妈把仅剩的一些鸡蛋全煮了，拿来给他们吃。舅舅一看可就犯难了，说："一个人一个，就多出一个鸡蛋，一个人给两个吧，又少了两个。这样吧，幺外甥多吃一个。"

其他几个兄弟可嚷上了："不行，不行！一个也不能多吃！"

你知道李员外有几个儿子，舅妈煮了多少个鸡蛋？

211. 怎么回家

杨婶婶说话挺风趣。她有 3 个儿子，3 个儿子都娶了媳妇。3 个媳妇很久没有回娘家了，这天同时向婆婆提出要回去看看老爸老妈。

杨婶婶笑着说："去吧去吧，都一起去吧。大媳妇去个三五天，二媳妇去个七八天，三媳妇去个半个月。你们同去同回吧，可不许误了日期。"3 个媳妇一听，都不知如何是好，只好去跟她们的丈夫商量。丈夫们一听笑了，都骂她们笨，然后告诉她们怎样回来。3 个人果然在同一天回来了。

你知道她们是怎么回来的吗？

212. 难住教授

小华的爸爸可是大名鼎鼎的大学数学教授，在数学方面世界上都排得上名次呢！小华今年才是三年级学生。一次，他要考考爸爸这个大数学家。

小华说："爸爸，我这儿有一张撕下来的纸，只有一边是直线，不准沿直线对折，你能用折的办法折出一个直角吗？"爸爸就用纸折来叠去，没有办法弄出一个直角。小华就笑了，说："看来你这个大学教授也是徒有虚名。我折给你看。"小华很快就折出了一个直角。

你会不会折呢？

213. 成绩弄错了

期中考试的成绩公布了，小兰这次考的成绩还不错。放学时老师把打印的成绩单装进信封里让同学们带回去给家长看。

回到家里，小兰妈妈拆开信封一看，脸上顿时现出不高兴的神色，问小兰："你这次语文考了多少分？"小兰说："89 分。"妈妈说："这成绩单上明明写着你的成绩刚过及格线 8 分，怎么当面撒谎？"小兰说："我们老师在班上宣布过的，我怎么会撒谎？"

妈妈和小兰争论了半天，后来才弄清楚了原因。

你知道是什么原因吗？

214. 8 刀切多少块

豆豆可聪明啦，每次班里出什么数学竞赛，他总是拿第一名，得的奖状把墙壁都快贴满了。小弟弟蛋蛋有点儿不服气，想考考哥哥的能耐有多大。

蛋蛋说："一个西瓜切 3 刀，最多可以切多少块？"豆豆说："8块。"蛋蛋说："那么一个西瓜切 8 刀，最少可以切多少块？"豆豆说："等等，让我拿纸笔来算一下。"

蛋蛋笑他："不用纸笔啦，我告诉你吧。"豆豆听了答案，不觉羞红了脸。蛋蛋的答案是多少？

215. 神奇的刀法

今天是斤斤的生日，妈妈给他买了一个很大很大的蛋糕，斤斤邀了一群小伙伴来给他庆祝生日。

斤斤点了一下人数，总共是 8 个人。斤斤说："这里有 8 个人，那么蛋糕要切成 8 块，也就是要切 3 刀。"文文却说："不用切 3 刀，我只要两刀就解决了。"小伙伴们一听都傻了眼，天下还有如此神奇的刀法！

大家正在发愣，只见文文拿起刀就开始切蛋糕，两刀就切成了 8 块。大家不得不佩服他的刀法。

你说文文的神奇刀法神奇在那里？

216. 简单分骆驼

有一个富人养了 17 头骆驼，他有 3 个儿子。儿子们都长大了，各自要成家立业，富人便把家产分了。这 17 头骆驼大儿子得 1/2，二儿子得 1/3，三儿子得 1/9，剩下的归富人自己，这下可麻烦了，按照这种分法，骆驼只好宰了来分。

正在没有办法的时候，有个骑着骆驼的老人过来了。当他知道富人正为分财产犯难时，就爽快地答应为他解决难题。不用一刻，老人就为富人把 17 头骆驼公正地分给了他的 3 个儿子，然后又骑着骆驼走了。

老人用什么办法解决了富人的难题呢？

217. 猪八戒吃馒头

唐僧师徒一路西行，正走着，唐僧说："悟空，我们肚子饿了，你去化些斋来。"孙悟空不一会儿就化来了 11 个馒头，唐僧拿了两个，剩下 9 个留给猪八戒和沙僧吃。孙悟空说："一个人最多只能同时拿两个馒头，不准多拿。"猪八戒贪吃，每一次都拿两个，沙僧只拿了一个。他两个吃得一样快，最后八戒却在那里嘟嘟嚷嚷。你猜为什么？

218. 胜过冠军

比尔是校田径队 100 米赛跑的冠军，杰克是校田径队 1000 米赛跑的冠军。查理也是校田径队的，跑得也很快。

一天查理在同学们面前吹："今天我和我们校两位冠军比赛跑，我把他们两个都赢了。"同学们都认为他在吹牛，只有查理的好朋友汤姆说这是真的。

查理是不是吹牛？

219. 种树比赛

3 月又到了，小冬和爸爸、哥哥一起去植树。父子 3 个都努力植树，1 个小时下来就植了不少。

小冬数了一下，他和爸爸植的树合在一起是 16 棵，爸爸又比哥哥多植 7 棵。回来小冬就这样告诉妈妈，要妈妈算一算每个人各植了多少棵树。

你能不能替妈妈算一算他们 3 个人各植了多少棵树？

220. 飞机与火箭

小胖是班上最贪玩的学生，数学成绩最差。小波则是班上最勤奋的学生，数学成绩最好。小胖对小波总是不服气，一天他对小波说："你是班上数学成绩最好的，我来考你一个问题。有一架飞机的速度是每小时 2200 公里，有一架火箭的速度是每小时 2800 公里。如果让它们从航天中心出发，飞机先起飞 7 小时，然后火箭才起飞。哪个先达美国的纽约？"小波认真算了一下报出他的答案。小胖扑哧一声笑了。小胖将答案一说，小波脸红了。小波为什么脸红？

221. 怎样量醋和油

欢欢的妈妈进城去进货，让她照看小店。有人来买柴油，欢欢问他买多少，客人说买 3 升。

欢欢看到油罐里装着满满的 20 升油，可是量筒找不着了。但欢欢记得昨天妈妈用一个塑料袋子装着 3 升醋。她就想了一个办法，让客人满意地走了。

欢欢用的什么办法？

222. 锯钢管要多久

王叔叔正在锯一根 10 米长的钢管，小风走了过来，问道："叔叔，您要把它锯成多少段？"王叔叔说："要锯成 20 段。小风又问："锯断一截要多长时间？"王叔叔答："要 4 分钟。"小风笑着说："我知道你要多长时间才能全部锯完。"王叔叔说："是吗？你说要多久？"

223. 小猴爬梯子多少级

亭亭家养了一只小猴，一天小猴看到葡萄园搭着一架梯子，就偷偷地爬上去吃葡萄。小猴爬到中间一级时，看到下面的葡萄熟一些，就往下退了 3 级，等会儿又爬到了第 7 级。但它又看到下面一点的葡萄熟一些，又往下退了 2 级。它吃了几个葡萄，又爬上了 6 级，这时上面还有 3 级。

这梯子一共有多少级？

224. 真的父母偏心吗

一对小夫妻老是盼着生孩子，后来来了个大喜，生了一对双胞胎，是两个胖小子。两个小家伙长得很快，一岁多就会叫爸爸妈妈了。看着这一对聪明伶俐的孩子，小夫妻别提有多高兴了，特别是弟弟更惹人喜爱。虽然父母对两个孩子都很疼爱，但每年总是先给弟弟过生日，再给哥哥过生日，有的人认为父母有些偏心。真的是因为偏心吗？

225. 迪斯尼乐园玩游戏

1987年2月，某市发生了一起凶杀案，一个公司的经理被人杀死了，经理家中的钱财也被人拿走了。公安局马上派人侦查这个案件。最后杀人的嫌疑集中在一个人身上，这个人被传来审讯。公安人员问："2月27日、28日、29日你干了什么？"这个人答："27日在厂里上班，28日在我姑姑家，29日去迪斯尼乐园玩。"公安人员根据这个人的回答立刻就断定这个人在撒谎，你知道根据是什么吗？

226. 人数固定的村落

埃及有一个名叫乌姆·萨菲尔的小村庄，村民至今都过着与世隔绝的氏族生活。这里没有买卖和交易，所有产品都是按数量平均分配给全村成员，也不存在盗窃和其他犯罪行为。这个村落的人认为，他们之所以能过着安闲自在的生活，秘密在于一个幸运的数字——147。这个村落自古以来一直保持着147口人，而且永远不变。

试问，他们怎么能做到这一点的呢？你能说说吗？

227. 6198

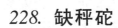

一个正在穿行人行横道的男子，被突如其来的一辆车撞倒，肇事汽车停都未停便逃之夭夭。被撞人气息奄奄，在被送往医院途中，只说了逃跑汽车的车号是"6198"，便断气了。

警察马上找到了该牌号的车辆，但该车驾驶员有确切的不在现场的证明，而且这辆车已坏了，在案发前就已送修理厂去修了。

如此说来，罪犯的车牌号不是"6198"。然而，聪明的警察很快便抓到了真正的肇事车主。

你知道这是为什么吗？

228. 缺秤砣

为了对市重点工程提供优质服务，果品公司决定派小王和小李到远郊一个建筑工地送西瓜。两人装了一车绿皮、红瓤、黑子的"苏蜜"西瓜，带上一架小台秤出发了。一路上山路崎岖，曲曲弯弯，快到中午时才到工地。

卸车时，小李发现那架小台秤除了底砣和一个 1 公斤砣以外，其余的砣全在颠簸的路上丢了。这样，这台秤最多只能称 2 公斤，可是西瓜大的有六七公斤，小的也有三四公斤，怎么办呢？打听了一下，因工地坐落在半山坡上，想借吧，附近也没有。

工人们兴高采烈地来买西瓜，一听没法过秤，都很扫兴。有个小伙子出主意说："要不把西瓜切成几块，慢慢称吧？"

这时一旁有个老工人说："那又何必呢？"说着他只用了几分钟的

时间，就使这台秤恢复了原来的称量。

试问，他用的是什么方法呢？

229. 智猜电话号码

出差之前，老何让小徐在 1979 年 12 月 24 日下午打个电话给他。但是号码很特别，以下几点可以告诉你：它是一个六位数，若把前后分为两个三位数 a 与 b，则 a 加 b 正好能整除年份 1979；a 减 b 正好能整除月份 12；b 的最后一个数正好能整除日期 24。

试问，你知道这个电话号码是多少吗？

230. 一大碗香茶

一个小贩用一斤茶叶沏好一桶茶水。

他在木牌上写道：二分，一碗茶。

来往顾客闻到茶香，争相购买，没多久，一桶茶水卖个精光。

小贩心想，既然受顾客欢迎，买卖兴隆，我何不少放点茶叶，多赚些钱呢？

他用半斤茶叶沏好一桶茶水。

他在木牌上多写一个字：二分，一大碗茶。

由于天气炎热，一桶茶水也卖个精光。

小贩盘算，既然少放茶叶，照样卖光，我何不……

第三天，小贩用一两茶叶沏好一桶茶水。

他在木牌上再多写一个字：二分，一大碗香茶。

茶摊上，又摆了一台四喇叭录音机，不时播出音乐。

试问，这一次茶水生意如何呢？

231. 暗查

1991 年 2 月 1 日上午 10 时许，铁路上海站南广场上车来人往。离西首行李房不远处，排着一溜清一色带 "Z" 牌照的个体出租小货车，车老板在徘徊候客。

此时，有五男一女拎着 "拷克" 箱、旅行袋前来租车。

"到啥地方？" "Z0493" 车老板问。

"去公平路码头拉货，多少钱？"

"来回 50 元。"

"好，50 就 50，再帮忙叫一辆一起去。"

车老板很快叫来了他熟识的另一辆 "Z0710" 号车。这个车老板一听去向和车价，嫌钱少，连叫："60 元！60 元！"

客人勉为其难地应允了。6 人分头上了车。两辆车一前一后驶出南广场，才过立交桥拐弯，客人突然要车靠边停下。还没等车老板回过神来，几位客人分别亮出了身份。原来 5 人是不穿制服的上海市陆上管理处稽查人员，一位是随访记者。

按规定：0.6 吨货运车价的基价为 7.20 元，每公里运价 0.70 元。从铁路上海站至公平路来回价最高不超过 30 元，现在要价超过了一倍。车老板狡猾地抵赖："刚才的开价是开开玩笑的。"当稽查人员拿出了证据以后，车老板无话可说了。

试问，稽查人员拿出的是什么证据呢？

232. 借东西

从前有个姓王的秀才，满腹文才，却因奸臣当道，穷困潦倒在家。

一天，王秀才赛诗归来，腹中空空，就叫儿子阿聪赶快煮饭。可家中早就没米了，这时，他才想起今天是大年三十。去哪儿借钱买米呢？王秀才急得团团转。突然，他看见墙角处有一段圆毛竹，不由灵机一动，忙用刀往圆竹筒上劈去，当劈到1/3，靠近竹节处就不再劈了，叫儿子拿了这带刀子的圆竹筒，到邻村最要好的朋友李秀才家去。

李秀才家中富裕，是个喜欢猜谜的人，当阿聪拿着这段圆竹筒给他时，他拿着竹筒，左看右看起来。看了一会儿，他突然哈哈大笑，立即吩咐家人，拿出一袋米和几吊钱交给阿聪。

试问，你知道李秀才怎么猜出王秀才家中缺钱少米的吗？

233. 需要多少只猫

如果3只猫在3天里只能捉3只老鼠，那么，要在100天里捉100只老鼠，需要多少只猫呢？

234. 自鸣钟敲响

君君家中有一座古老的自鸣钟，这种自鸣钟的特点是每个小时它都会依着钟数的多少而发出适当的声来。今天，君君忽然想知道自鸣钟敲响12下用多长时间。他发现当钟敲到10下时，秒钟上正指着27秒。那么当敲完12下时，又会是多少秒呢？

235. 占美追珍妮

珍妮和占美正在沙滩上做游戏，珍妮说："你来追追我，看你是否追得上？"

现在珍妮走在占美前 28 步，她每走两步要 1 秒，而占美的两步，相当于她的 3 步，占美要多长时间，才能追上珍妮？

236. 分苹果不许切

一只盘子里放着 5 个苹果，分给 5 个孩子，每人分 1 个，但是，还要留 1 个在盘子里，并且不许把苹果切开来分。

试问，这该怎么分呢？

237. 揪出偷鱼贼

从前，有一个商人，在荷兰的阿姆斯特丹港口，向当地渔民购买了 5000 吨青鱼。为了防止丢失，他亲自监督过磅，然后又亲眼看着装上船，这才放心地起锚开航。旅途中，他派专人看守盛鱼的船舱，认为这样做就能万无一失了。船经过了几十天的航程，来到了非洲赤道附近的马加的沙港停泊，准备在那儿将鱼脱手卖出去。谁知一过秤，却发现青鱼少了将近 19 吨。短缺的鱼到哪里去了呢？被偷是不可能的，因为轮船沿途并没有靠过岸。当时，大家都无法揭开这个秘密。那么，你能解开这个谜，揪出那个偷鱼的贼吗？

238. 4 个 4 等于多少

下面 6 个算术题都是 4 个 4，请你在数字内添上加减乘除和括号等各种不同的符号，演算后，得出不同的答案。

$4444 = 5$
$4444 = 20$
$4444 = 24$
$4444 = 28$
$4444 = 48$
$4444 = 68$

239. 鸡鸭各多少

小敏家里养了不少鸡和鸭。

一天，王小刚问小敏："你们家有多少只鸡，多少只鸭?"

小敏回答："鸡数乘鸭数，把这个积数在镜子里一照，在镜子里看到的恰巧是我们家养的鸡和鸭的总数。"王小刚怔住了，这可该怎么算呢?

你能帮小刚算出小敏家养的鸡和鸭各有多少只吗?

240. 上楼的时间

唐小清住在大吉大厦的十二楼。自从她知道上梯级可使身体健康后，她便弃升降机不用，而日日走梯级。由一楼走到六楼，小清需用40秒，假设她的步速不变，那么由六楼至十二楼亦只需40秒，但事实并不如此，你知道原因吗?

241. 哪个流得快

（1）一个孔和两个孔，哪个快？

这里有两罐桔汁，其中一罐开了一个孔，另一罐紧挨着开了两个孔，竖直向下倒。你想想，哪个罐头的汁流出得快？

（2）斜着倒和竖直向下倒，哪个快？

两个同样的瓶子，里面装了同样多的水，一个瓶子斜着倒，另一个瓶子竖直向下倒，你想想，哪个瓶里的水先流完？

242. 鸡蛋放进杯

杯子上有一张卡片，卡片上有一个鸡蛋。不准用手拿鸡蛋，怎么把鸡蛋放进杯子里？

243. 车上的乘客

有一辆马车，由 A 站开始，载着 5 名乘客出发。到 B 站时，有 3 名乘客下车，2 人登车。在 C 站只有 1 名乘客上车。在 D 站则有 3 人下车，4 人登车。当马车驶离 D 市不久，便遇到印第安人的袭击，结果有 2 名乘客遇难。当到达 E 站后，车长把遗体和 2 名伤者留下。随后，在没有乘客的情况下到达终点站。那么，在到达终点站时，车上共有多少名乘客呢？

244. 梯子有几级

有一座 3 层的楼房着火了，一个救火员搭了梯子爬到 3 层楼上去抢救东西。当他爬到梯子正中一级时，2 楼的窗口喷出火来，他就往下退了 3 级。等到火过去，他又爬上 7 级，这时屋顶上有一块砖掉下来，他又往后退了 2 级，幸亏砖没有打着他，他又爬上 6 级。这时他距离最高一层还有 3 级。你想想看，这梯子一共有几级？

245. 如何过关卡

相传有一个恶霸在山间唯一的一条交通要道上设了 5 道关卡，并巧立名目对过路行人进行敲诈勒索。其中有这么一条规定：凡赶带家畜者，每道关卡先扣其家畜的半数（如果所赶带的家畜数是单数，则多扣留半只），然后再退还一只。

一天，有 3 个兄弟赶着 5 只羊准备翻山到集市上去出售。当他们从过路行人那里得知上述的规定后，都很生气，也很着急。最后，聪明的大哥想了个办法，向两个弟弟嘱咐了几句话，便扬鞭赶着羊顺利地通过了 5 道关卡，结果一只羊也没损失。

试问，这兄弟 3 人到底是怎样赶着羊通过这条山路的？

246. 几个馒头

王先生为了避难，便躲到防空洞中栖身。经过一个星期后，他带来的食物就只剩下馒头。如果他现在拿出 3 个馒头的话，那么，在他

123

手上还有多少个馒头呢?

247. 能用的子弹

3个猎人到森林里打猎,其中两个人的子弹因沾了水,不能再用,因此3人就平均分配存好的子弹。在每人射击4次后,3人所剩子弹总数和分配时每人所得的子弹相等。

试问,分配时共有多少粒能用的子弹?

248. 谁先发觉

有两座高山,中间相隔500多米。有一天晚上,在第一座高山的山顶上有3个人,1个瞎子、1个聋子、还有1个虽然不瞎不聋,可是因为太疲倦,所以躺在地上睡着了。因此,既看不见,也听不见。

夜非常静,忽然,在第二座高山上有人向这边放了一枪,瞎子马上听见了"砰"的枪声;聋子虽然听不见,可是却看到了枪口上的火光;而那个睡着的人呢,他也发觉了,原来那颗枪弹恰巧擦着他的鼻尖飞过去。

当然,他们3人都发现有人放过枪了,可是你能说出他们3人之中,谁是最先发觉的人?

249. 何时一起返回

阿强、阿伍、小刘、小王4人都是海员,今年1月1日,他们同时乘不同的游轮出海,阿强要隔16星期回港一次,阿伍每隔12星期回港，小刘则隔 8 星期，小王也要 4 星期返港一次。由此可见，哪一天他们 4 人才可一同返港，重聚艺友之情呢？

250. 谁先返回

两个水上运动健儿在划船训练时进行比赛：一个在河里顺流划，一个在河旁的一个平静的湖里划，两个人划的路程一样。假如在全部时间内两个划船运动员所用的力完全一样。那么，他们谁先回到出发点？

251. 智搬枕木

有枕木 15 根，排成一竖排。现在要求每次只搬 1 根枕木，把这些枕木搬成 5 个组，每组是 3 根；要求每次搬的时候都跳过 3 根枕木。请你想一想，应该怎样搬？

252. 巧算年龄

假期里，初二甲班的几个同学去看望数学课黄老师，黄老师在家里热情地接待了他们。在闲谈过程中，一个同学问："黄老师，你今年多大岁数了？"黄老师想了想说："我今年的年龄的个位数刚好等于我儿子晶晶的年龄，十位数刚好等于我女儿玲玲的年龄，同时我的年龄又刚好是晶晶和玲玲年龄乘积的两倍。请你们算一算，我的年龄是多少？"同学们一个个都兴致勃勃，演算起来，不一会儿就做出了答案。你能算出来吗？

125

253. 能否拉起自己

在一株很高的柿树上结有很多红柿，而在树的旁边有一个木牌，上面写着："请随便采摘。"

小明路过此地，不但看到这个牌，同时还看到在其中一个树干上系着的绳轴，他便很快想到可以利用该绳轴来达到目的。

首先，他将其中一条绳绑在自己身体上，然后用双手握着绳的另一端，试着把自己拉起来。

假如，小明的体重是50公斤，而双手的力量是30公斤，你觉得他可以拉起自己吗？

254. 数水果

一天晚上，刘大爷想数一数他卖剩下的18个桔子和梨中，有几个桔子几个梨。这时，水果都叽叽喳喳地说开了。梨子说："如果今天我们多卖出4个，那么我们就和桔子弟弟相等。"

"对啦，刘大爷您多给我们4个同伴，我们的数就和梨子哥哥一样多。"桔子说。

刘大爷说："这么说，用不着看，我想一想就知道你们各有多少了。"接着，他念道："18除以2等于9，9减4等于5，9加4等于13。桔子5个，梨子是13个。"刘大爷说完，拍拍手起身要走，桔子急得喊起来："刘大爷，您算错了，我们不只5个呀！"

梨子也说："刘大爷，您算错了，我们没有这么多啊！"

请你帮刘大爷算算看，究竟有几个梨和几个桔子呢？

255. 桶和油怎么分

供销社运来 21 桶油，其中 7 桶是满的，7 桶是半桶，还有 7 桶是空的。供销社李主任说："必须尽快将油和桶平均分给 3 个代销点。"并且提出为了节省时间，不许用秤，不许倒。这可真难住了大家。后来还是售货员小王想出了一个办法，顺利地解决了这个问题。你知道他是怎么分的吗？

256. 猫狗吃肉

狗和猫在树林里举行的运动会上进行 200 米赛跑，可跑道只有 100 米，所以跑到 100 米终点后还需折回来。按规定，谁先跑到 200 米终点，谁就可以吃掉放在终点线上的一大块肉。当猴子举枪发令以后，猫和狗都想争先吃到香喷喷的肉。狗一步能跑 3 米，猫一步只能跑 2 米，但猫比狗灵活，猫跑三步，狗才能跑两步。

你说狗和猫谁能吃到这块肉？

257. 汽车行了多少里

平平乘汽车经过一个地方，看到路标是 15951，他觉得很有趣。这个数字的第一个数和第五个数相同，第二个和第四个相同。

汽车驶了两个小时，平平又看到路标上的数字，仍然是第一个和第五个相同，第二个和第四个相同。你知道汽车两个钟头驶了多少千米，另一个路标的数字是多少？

127

258. 延长 30 秒

由 A 到 B，要经过一条山道。一个人走时，只需要 5 分钟；两个人走时则要 5 分 30 秒；三个人一起走时，则要 6 分钟。为什么每多一个人走，路程便会延长 30 秒呢？你知道是什么原因吗？

259. 巧妙避雨

现在，小明的四周正下雨，然而小明的身体却一点也没有被沾湿。为什么呢？而且小明并不在屋内，正身处户外，同时也没有带任何雨具。那么是什么原因让雨水不会淋湿小明的呢？

260. 列车有多长

在双轨铁路线上，对开的两列列车相遇了，一列车的速度是每小时 36 千米，另一列车的速度是每小时 45 千米。第二列车上的旅客发觉第一列车在旁边开过时共用了 56 秒钟。问第一列列车有多长？

261. 鸡蛋没摔坏

爸爸总喜欢问约翰一些奇怪的问题。今天他对约翰说："从前有一个人，他站在 600 米的山顶上，从头顶向下扔一个鸡蛋。非常奇怪，鸡蛋下落 600 米时，却还没有被摔坏，这是怎么一回事呢？"

"那山底下一定是铺了很厚的棉花！"约翰说。

"不对，山底下全是乱石块。"爸爸纠正说。

那是怎么一回事呢？

262. 多少人得奖

上数学课时，李老师提了一个有趣的问题："去年'六一'儿童节，全市小学四年级举行了一次数学比赛。比赛前决定，前 15 名可以得奖。比赛结果真是巧得很：得第一名的是 1 人，第二名的 2 人，第三名的 3 人一直取到第 15 名。总之，第几名就是几个人。请大家用简便方法来计算一下，这次得奖的一共有多少人？"

老师讲完后，小刚站起来说："李老师，这个问题很简单，得奖总人数有 120 人。"

老师笑着问大家："你们看他说的对吗？""对！"大家异口同声地回答。

你知道小刚是怎么计算出得奖总人数的呢？

263. 男孩和女孩

游泳池里，一些小朋友正在游泳。男孩戴的是一色的天蓝色的游泳帽，女孩戴的是一色的粉红色的游泳帽。

有趣的是：在每一个男孩子看来，天蓝色游泳帽与粉红色游泳帽一样多；而在每个女孩子看来，天蓝色游泳帽比红粉色游泳帽多一倍。

你说说，男孩子与女孩子各有多少个？

264. 巧切蛋糕

史密斯教授 70 寿辰那天，他的朋友和学生都赶来祝寿。老教授兴致勃勃地指着桌上的一块奶油蛋糕说："用这把刀切这块蛋糕，只准切 6 刀，不限平均，谁切的块数最多谁就是胜利者。"由于没有一个人有把握一次成功，便取来纸，画个圆圈代表蛋糕，一个个埋头设计起"切蛋糕方案"来。不一会儿，一张张切蛋糕方案上来了：有切 12 块的，也有切 16 块的、19 块的，老教授均摇头不语。最后交卷的是寡言少语却善于动脑筋的玛丽。教授看看她的答案，频频点头，满意地笑了。

试问，你知道玛丽切了多少块吗？

265. 还有几个角

一张长方形的纸有 4 个角，剪掉一个角，还有几个角（要求答出 3 个不同的数）？

266. 智猜蚕豆

小英两只手里都拿了一把蚕豆，一把是单数，一把是双数，叫杏芳猜她哪只手里的蚕豆是单数。杏芳想了一下，叫她把右手里的蚕豆数目乘 3，左手里的乘 2，然后把两个数目加起来告诉她。小英算了算，是 43。杏芳就说："你右手的蚕豆是单数。"小英一看，果然叫她猜测中了。你想想她是怎么猜的呢？

267. 国王的士兵

从前有个国王，带兵去打仗。在出发前，想提高士兵们的作战勇气，来一次检阅。他命令士兵，每排排 10 人，任何一排不得缺少一个。所有士兵照每排 10 个排下去，排到最后一排只有 9 人。这个国王有些迷信，认为最后一排有一个空缺是不吉利的。于是又发布命令，改为每排 9 个，但排到最后一排，仍缺 1 人；又改成每排 8 个，最后一排，仍缺 1 人；再改 7 人一排 6 人一排直到 2 人一排，最后一排始终要缺少一人。国王有些急了，认为这次出兵一定要打败仗，因此就不敢动兵。据说，国王的士兵最多不到 3000 人，但究竟是多少？还得请你算一算。

268. 谁先拿到宝剑

古时候，有一位将军，英勇善战，足智多谋。由于他久经沙场，年迈体衰，自觉已力不从心了，便决定从两个副将军中选择一个承袭将印。

这一天，将军把两个副将叫到河边，对他们说："我家祖传宝剑便藏在家中的卧室里，我家紧靠河的下游，乘船去可直接抵达；骑马去可沿海边大道前进，但还有 1/3 的路途必须下马步行。骑马的速度是乘船的 3 倍，步行的速度是船速的 2/5。这儿有一条小船和一匹马，你们两个各自选择，看谁先到达我家摘取宝剑。"

两个副将站在河边踌躇了好久，后来一个上马飞奔，一个乘船而下。那么到底是哪一个先摘取宝剑呢？

269. 计算

有这样一道题：一个数加上 *1*，减去 *2*，乘以 *3*，除以 *4*，结果等于 *6*。问这个数是多少？

270. 奶奶买回几个鸡蛋

奶奶从副食店买回几个鸡蛋。第一天吃了全部的一半又半个，第二天吃了余下的一半又半个，第三天又吃了余下的一半又半个，恰好吃完。奶奶从副食店买回多少个鸡蛋？

271. 仓库有多少吨原料

有一个仓库运原料，一共运出去 *4* 批，第一批占所有库存的一半；第二批运出的占余下的一半；以后每一批都运出前一批剩下的一半。第四批运出后，剩下的原料全部分给甲、乙、丙三个工厂。已知甲厂分了 *24* 吨，乙厂分的是甲厂的一半，丙厂分了 *4* 吨。

请问：仓库原来有多少吨原料？

272. 西瓜原来有多少克

水果站原有冬贮西瓜若干千克。第一天卖出原有西瓜的一半；第

132

二天运进 *200* 千克；第三天卖出现有西瓜的一半又 *30*kg，结果剩余西瓜的 *3* 倍是 *1800*kg。

请问：原有多少冬贮西瓜？

273. 正确的答案是多少

聪明做一道整数减法题时，把减数个位上的 *1* 看成 *7*，把减数十位上的 *7* 看成 *1*，结果得出差是 *111*。问正确答案应是几？

274. 猜猜馒头的数量

袋子里装着若干个馒头，小明每次拿出其中的一半再放回一个馒头，这样共拿了 *5* 次，袋子里还有 *5* 个馒头。袋中原有多少个馒头？

275. 两桶油原来有多少千克

A、B 两桶油各有若干千克，如果从 A 桶倒出和 B 桶同样多的油放入 B 桶，再从 B 桶倒出和 A 桶同样多的油放入 B 桶，这是两桶油恰好都是 *16* 千克。

请问：两桶油原本有多少千克？

276. 小芳有多少本书

小芳有一批书。她给第一个同学 *1* 本，又给余下的一半；接着给

133

第二个同学 *1* 本，又给余下的一半；再给第三个同学 *1* 本，又给余下的一半；最后，她又给第四个同学一本，在加 *15* 本，手中还剩下 *8* 本。

请问：小芳原来有多少本？

277. 搬砖

有 26 块砖，兄弟两个争着去搬，弟弟抢在前面，刚摆好砖，哥哥赶来了。哥哥看弟弟搬得太多，就拿来一半给自己。弟弟觉得自己能行，又从哥哥那里拿来一半。哥哥不让，弟弟只好给哥哥 5 块，这样哥哥比弟弟多搬 *2* 块。

请问：最初弟弟准备搬多少块砖？

278. 求正确答案

小马做一道简单的减法题。但是，他却把减数个位上的 *1* 看作是 *7*，把减数十位上的 *7* 看作是 *1*，结果他算出的答案是 *111*。

请问，正确答案是几？

279. 共有几个萝卜

小新和小虎拔的萝卜一起放进筐里，小新说："我拔的萝卜是筐里萝卜总数的一半多一个。"小虎说："筐里的萝卜只有 *4* 个是我拔的。"

请问：筐里一共有多少个萝卜？

280. 猩猩分香蕉

一个岛上有5个人和一只猩猩，第一个人把所有香蕉平均分成5份拿走一份，分一个给猩猩，第二个人把剩下的香蕉平均分成5份，同样拿走一份，分一个给猩猩，这样每个人都分了一次后，剩下的香蕉还可以分成5份。

请问：岛上一共有多少个香蕉？

281. 抓牌游戏

一共有54张牌，两个人轮流抓牌，每人每次可抓1～4张（但不能不抓），规定抓最后一张者为输。请问：如何才能使你利于不败之地。

282. 他为什么知道

10个人排成一列纵队，从10顶白帽子和9顶黑帽子中，取出10顶分别给每个人戴上。站在最后的第10个人说："我虽然看见了你们每个人头上的帽子，但仍然不知道自己头上的帽子的颜色。你们呢？"第9个人说："我也不知道。"第8个人说："我也不知道。"第7个、第6个……直到第2个人，依次都说不知道自己头上帽子的颜色。不可思议的是，第一个人却说："我知道自己帽子的颜色了。"

请问：他为什么知道呢？

283. 甲乙丙有多少个芒果

甲、乙、丙三人各有若干个芒果，甲先拿出自己的芒果的一部分给乙和丙，使乙、丙每人的芒果数增加一倍；然后乙也把自己的芒果的一部分分给甲丙，使甲和丙每人的芒果数增加一倍；最后丙也把自己芒果的一部分分给甲和乙，使甲和乙每人的芒果数增加一倍。这时甲乙丙都有48个芒果。你知道原来甲乙丙各有多少个芒果吗？

284. 毛毛虫的成长期限

爷爷给花花出了这样一个智力思维题：一只小虫从小长到大，每天长一倍，24天能长到20cm。如果要长到5cm，需要多少天？花花简单一算便显出来了，你知道是如何推算的吗？

285. 口袋里有多少钱

有一个好心人在街上遇见一个乞丐，这个好心人就把口袋里所有钱的一半加上1元钱给了乞丐；然后继续向前走，走着走着，又遇到了一个乞丐，他就把口袋里的所有钱的一半加上2元钱给了他；然后他又遇到了第三名乞丐，同样，他把口袋里所有钱的一半加上3元钱给了他。最后，好心人口袋里就剩下了1元钱。

问：开始时好心人的口袋里有多少钱？

286. 如何报数

A、B 两个人轮流报数，必须报不大于 6 的自然数。把 A、B 两个人报出的数依次加起来，谁报数后加起来的数是 2000，谁就获胜。

请问：如果 A 要取胜，是先报还是后报？报几？以后怎样报？

287. 巧玩火柴

火柴游戏是两个人按一定规则，依次从一堆或几堆火柴中取走一根或几根火柴，谁取走最后一次谁就是胜利者。火柴游戏能引人入胜，因为它器具简单却有很多变换形式，而每种形式都有必胜策略。如果你能融汇贯通，便可自己设计各种火柴游戏，使你的思维在娱乐中得到锻炼。一堆火柴 22 根，游戏者每次可取 1、2 或 4 根（不能取 3 根），怎样才能获胜？

288. 穷人梦想发财

小二平时好吃懒做，还一心想发财，一天，他依在一棵大槐树上正幻想着如何发财，突然来了一位白发苍苍的老人，看透了他的心事，笑了笑对他说："小伙子，我知道你在想什么，想发财，我可以帮你。"小二高兴得跳起来："真的？你帮我发了才，一定感谢你。"老人说："我知道你身上有钱，但不多，这样吧，把你身上的钱往身后树洞里一放，我吹一口气，你的钱就会增加一倍，然后你给我 32 元作为报酬。"小二照样办了，钱果然增长了一倍，他恳求老人再来一次，

137

钱一放，吹口气，又增加一倍，付给老人 32 元……

经过四次之后，小二从树洞里取出 32 元，付给了老人，他变得两手空空的了。十分沮丧。老人把钱还给小二说："小伙子，要发财，还得靠自己。"说完老人不见。

请问：这是怎么一回事？小二原来有多少钱？

289. 货场有多少吨炭

炭厂原有炭若干吨。第一次运出原有炭的一半，第二次运进 450 吨，第三次又运出现有炭的一半又 50 吨，结果剩余炭的 2 倍是 1200 吨。

你知道炭厂原来有炭多少吨煤炭吗？

290. 幽灵杀手

被害者胸部和腹部被刺身亡，死亡时间大约是 4 个小时前。

奇怪的是，在这个宽阔的海滨沙滩上，没有任何凶手的足迹，也没有用工具消除足迹或踏着被害者脚印走过的痕迹，更没有使用直升机或飞行工具的迹象。再加上没有任何目击证人，而凶手却是在最短的距离内行凶的。

难道这个凶手真是不会留下脚印的幽灵吗？

请你想想，凶手是如何不着痕迹行凶的？

291. 追捕逃狱犯

提到北海道的网走监狱，以前是专门收容重刑罪犯的牢监。此处会令人联想到它的尽头就是地狱。但它那红砖造的围墙与坚固的正门，今天却已成了观光胜地。不少观光客来到此地，都会在门前拍照留念。

某个初秋夜晚，网走监狱中有个囚犯脱逃了。他以工作场中的木棒当高跷，跨越过高耸的围墙逃狱。

接着，穿越围墙外的空地，逃进杂树林。

被雨打湿的地面上留下了清楚的脚印。

于是，警察带来优秀的警犬，追踪逃犯的路线。警犬仔细嗅过空地上囚犯的足迹之后，一直循此足迹前进，进入杂树林。但追到途中，不知为什么突然停止，左顾右盼，一步也不前进了。

逃狱犯并没有换穿别的鞋子继续逃亡，他的脚上始终是同一双鞋。那么，他如何能骗过警犬的追踪呢?

292. 沙丘杀人

山田警官好不容易有个休假日，特地走了一趟鸟取的沙丘。他很久以前就一直想来看看。

这是面临日本海，东西 16 公里，南北 2 公里的宽广沙丘。

从沙丘展望台上眺望，所见之处，尽是绵延不断的沙地。

海风吹来，在沙土上卷起波浪般美丽的花纹。

山田警官驾车至沙丘中央，下车脱鞋，赤脚走在沙上。如果穿着鞋，沙子进入的话，就不好走了。

伫立于沙丘顶上，远眺日本海，看见右手斜面上来了一位赤脚男子。那男子身后 50 公尺左右外，倒着一位穿红衣的女子。

警官心想，一定是那女的突然昏倒，男子前来求救。

他立刻跑向前，准备帮忙。

不，那男子一看见警官，急忙往反方向逃逸。

这种奇怪的动作触动了警官的第六感。

警官大声叫唤。那男子越跑越快。

但从沙丘的斜面滑下的警官，速度还是快了一些，不一会儿便追上男子。

"你为什么要逃？"

"不是，我，不是我杀死她的。"

男子颤抖地说道。

"什么？杀死……这么说来，那位女子死了？你和我一起来。"

警官出示证件，领着男子到那女子身旁。

女子好像被棍棒般的硬物用力敲中头部。

她还没断气，却已奄奄一息。

由于情况紧急，警官为防止男子逃走，便将他戴上手铐。

"振作点。告诉我，是谁做的？"

警官问气息微弱的女子。

女子痛苦地呢喃：

"他……敲……头……"

她已气若游丝。

"为什么敲头？"

"他……他……"

女子轻启双唇，好像要说什么，却没有道出下文就断了气。

警官将女子的尸体轻轻地放在沙丘上，以质问的语气向男子问道："凶器在哪里？你用什么样的棍棒敲的？"

男子什么也不回答。

于是，警官当场搜他的身，却找不到任何一样像凶器的东西。口袋里只有钱、手帕、驾照、香烟和火柴，而且袜子也脱下来揉成一团。

他是打赤脚的，鞋子应该是留在车上。

死亡的女子也同样赤脚，小皮包内只有零散的化妆品及钱而已。

也许凶器埋在沙里吧？

于是，山田循着男子逃逸的路线仔细搜寻，依然没有任何发现。

如此看来，就只剩一个可能——就是用手敲打。

但是，既然力量强得足以杀死一个人，当然拳头应该会有些红肿。只不过，眼前这位男子的手像女人一样白皙，并没有任何异常。

不过，警官还是认为这名男子是凶手。

亲爱的朋友们——你是否能帮帮警官的忙，推断出这男子到底使用了什么凶器？

293. 毒蘑菇杀人事件

群马县以前称为上野国或上州。所谓上州的名产，就是老婆当家与龙卷风，还有雷。上州可说是日本最常发生落雷的地方，非常有名。

某个初秋，赤城山麓草原上发现两具正在露营的群马大学学生的尸体，他们死于扎在大杉树下的帐篷内。

死因是食物中毒。

判断是晚餐吃了森林中的野生毒蘑菇，中毒而死。

但这两人是野外生活社团的团员。

"就算死因是食用毒蘑菇中毒，也必定是他杀的。杀人犯故意让他们吃下毒蘑菇，再将尸体搬来这里，假装他们是露营中误食毒蘑菇而死。而且，犯人一定是没有露营经验的家伙。"

群马县出生的刑警只看了现场一眼，就很干脆地下此判断。

理由何在？

294. 名侦探，宫本武藏

熊本市西南有一座有名的海地山，半山腰有个称为灵严洞的小洞穴。正保二年（1645 年），剑豪宫本武藏在此洞坐禅。

宫本武藏 56 岁时才住进熊本。

经过长年流浪生涯之后，武藏终于被肥后藩主网罗，成为剑术教练，年俸 300 石。

对于自视清高的他而言，这样的待遇也许太低了。但是，他已经厌倦了长年的流浪生活。这可能是最后的机会了。因此，他放下身段，进入仕途。

寻得安身立命之处，武藏终于松了一口气。不知是否因此之故，健壮的身体突然变坏，疾病经常造访。

他不太指导剑术，而和禅寺内的和尚，悠游于诗画、茶道、禅等境界中。

    *   *   *

夏日，盛阳朗照，武藏在小河旁悠然垂钓。

2 小时前才下过骤雨，所以河水有点混浊、暴涨。

这时，村里的一个小孩跑了过来。

"荒寺有个男子被杀了！"

武藏于是前往荒寺一探究竟。

夏草茂盛的寺内已经集满了村人，团团围着尸体。一个满面胡须的男子仰躺在崩塌的土墙旁的合欢树下，左肩被砍了一刀，伤口不小。正午的骤雨使死者旅人般的衣物全湿了，血痕也几乎被大雨冲掉。

"美丽的衣服被割坏了，一定是技术不怎么高明的人干的。"

武藏感慨凶手技术太差。

"死者是谁？"

武藏询问村民。

"没见过。大概是路过的旅人吧!"

村民如此回答。

他身上并没有带钱,很可能是半路遭遇抢匪,钱全被抢走,连命也没了。

"什么时候被杀的?"

"看他全身湿淋淋的,很可能是在这树下躲雨时被杀。"

群众中传来说话声。

但武藏看见合欢树叶表面飞散的血迹,立即断定:

"不!他是在骤雨前被杀的。"

武藏凭什么如此推理呢?

295. 看不见的证据

提到长崎,和广岛一样,都是由于曾遭到原子弹轰炸,举世闻名。

1945 年 8 月 9 日,美军在长崎投下原子弹,城市街道上大约一半土地,以及 7.5 万人的生命,均在一瞬间丧失。

长崎之毁是在广岛原爆之后 3 日,离第二次世界大战奏出终曲不过区区 6 天。

　　*　　　　　*　　　　　*

一个下雨的夜晚,长崎大学学生 A、B 在宿舍里边喝酒边争论。

争论的主题是有关 4 日前,中国政府在塔克拉马干沙漠进行核试爆的事。

争论到最后,竟然打了起来。

最后,空手道初段的 A 将 B 打死。

A 心想,这下惨了。

后悔已经太迟了。

当天半夜，A 将 B 的尸体放入车中，载到原爆中心碑附近的游乐场丢弃。

因为雨已经停止，便用公厕内的自来水，用喷壶将尸体浇湿。

不料，隔天早晨尸体被发现，警方展开搜证时，鉴识人员立即说道：

"死者并没有被昨晚的雨淋到，应该是犯人故意洒自来水来蒙骗警方。"

犯人伪装立刻被揭穿。

犯人 A 什么地方露出马脚呢?

296. 真假夫妻

深山的旅馆来了两对夫妇，其中一对是名副其实的夫妇，而另一对则是杀妻外逃的通缉犯和其情妇。

由于旅馆已接到通辑令，所以早有警惕。不巧，通辑照片不清楚，根本无法辨别哪一对是罪犯。但是，出来迎接的店老板只注意到了一点，便知道哪一对是罪犯了。你看出破绽了吗?

297. 秘密接头

前田警部得到情报，一犯罪团伙准备在百货商店秘密接头，于是便跟踪而至。

一个男的在商店的服务台前，请求女店员为其广播找人，内容是：

"从东就八王子市来的山形先生，请到一楼的总服务台，您的同伴在等您。"

前田警部在服务台前监视了好一阵子，但始终未见那个叫山形的

"同伴"出现。实际上，在这段时间里那个男的已和同伴接上了头。那么，到底是如何接的头呢？

298. 夕阳告诉我

在 1 月份的一个寒冷的雪夜里，巴特受朋友之邀到纽约长岛的老家去调查有关家藏珍宝的真相，而朋友的子孙们也跟着他一起去。

那地方有两栋建筑物遥遥相对着。一所叫黑屋，一所叫白屋，他们住在白屋。据说祖先的珍宝藏在黑屋里，他们决定明天去搜查。晚饭时，子孙中有两人吵了起来，不小心打碎了一瓶 150 年的白兰地。巴特喝了酒感到特别困，很快就睡着了。

醒来已是第二天早上，他听到室外一片喧闹，出去一看，吓了一跳，一夜之间，黑屋消失得无影无踪。回头一看，白屋依旧，周围景色也没变。回到屋内，昨夜吵架时打碎的酒瓶还在。

巴特被搞迷糊了，就回房间仔细思考，这时晨曦初透，照得室内一片光亮，巴特又吓了一跳。因为昨天停电，他是在同一个地方看到夕阳的。你能解这个谜吗？

299. 名画失踪案

伦敦富翁失窃一幅小而名贵的画。据传，有人要携带这幅画渡海到马黎支。有关当局特别做了严密的措施，彻底地检查旅客的行李。

这时，有一个女学生，在开往巴黎的火车上离奇地失踪了。他们共有 10 人，是各个学校派出来送往巴黎留学的优秀生。有人看见她进入火车站的洗手间，从此就不见踪影了。既然没有跳车的迹象，也没发现尸体。而她所戴的帽子和鞋子却在铁路旁被发现了。

这列火车，除了这些女学生外，另外还有 3 组乘客，他们都是私人车厢，第一组是两个到巴黎观光的老小姐；第二组是两个中年的法国商人；最后一组是最有嫌疑的年轻夫妇。因为事关重大，所以警方重点检查了他俩的行李，但却什么也没有发现。

第二天，失踪的女学生在伦敦被找到。她因头部受到重击而丧失记忆力。后来，富翁的名画在巴黎火车站那个失踪的女学生的书包中被发现，这是怎么一回事呢？

300. 谜样的绑票犯

某董事长的孙子被人绑架了，绑匪要求 1000 万的赎金。

绑匪以电话指定如下："把钱用布包起来后放进皮箱。今晚 11 点，放在 M 公园的铜像旁的椅子下面。"

为了保住爱孙的性命，董事长就按照犯人的指示，把 1000 万元的钞票放进箱子里，拿到铜像旁的椅子下。

到了 11 点半左右，一位年轻的女性来了。她从椅子下拿了皮箱后就很快离去。完全不顾埋伏在四周的警察。

那个女的向前走了一段路后，就拦下了一辆恰好路过的计程车。而埋伏在那儿的警车，立刻就开始跟踪。

不久后，计程车就停在 S 车站前。那个女的手上提着皮箱从车上下来。警车上的两名刑警马上跟着她。

那个女的把皮箱寄放在出租保管箱里，就空手走上了月台。其中的一位刑警留下来看守着皮箱，另一人则继续跟踪她。

但是很不凑巧，就在那个女的跳进刚驶进月台的电车后，车门就关了。于是无法再继续跟踪。

然而，那个皮箱还被锁在保管箱里，她的共犯一定会来拿。刑警们这么想着，就更加严密地看守那个皮箱。

但是，过了好久之后，都不见有人来拿，于是警方便觉得不太对劲，便叫负责的人把保管箱打开。当他们拿出箱子一看，里面的 *1000* 万元已经不翼而飞了。

而这 *1000* 万的赎金，到底是谁、又是怎么拿走的呢？

301. 一对经济合伙人

约翰和莫维是一对经济合伙人。这天，他俩一起去打猎，结果发生了悲剧。约翰向警署人员说，自己朝一只雄鹿开枪时，子弹击中莫维，穿进了他的左太阳穴。

死者没戴帽子，脸朝下，一只手还握着猎枪。刑事专家霍尔边查看尸体边听约翰诉说："我俩在这里转了 *4* 天，才发现这只雄鹿，它正在树丛中睡觉。这次轮到莫维先开枪，我偷偷地靠近那只鹿，以为莫维就在我身后跟着，不料，鹿有点警觉，突然立起前脚。这时莫维还没开枪，鹿眼看着就要逃走，我只好先开枪了，结果这一枪没打中鹿，却击中了莫维。我真没想到他会悄悄地溜到对面去。"

在归途的车上，霍尔对警员说："我很怀疑约翰，他可能出于某种原因谋害了合伙人。"

霍尔为什么怀疑约翰？

302. 她不是吸血鬼

某个夏日，一个樵夫在树林里突然听到孩子的哭声，觉得奇怪，便四处寻找。结果发现孩子的继母正咬他的肩膀，听到樵夫的脚步声，这女人抬头来，樵夫见她满脸是血。"啊，这女人是吸血鬼！"樵夫又惊又怕，转身逃走了。

回到农场，他立刻把刚才看到的事情告诉了农场的人，于是吉米的继母是吸血鬼的说法便传开了。后经调查澄清，她不是吸血鬼。

请你猜测一下，当时发生了什么事？

303. 大脚男人

著名的摔跤界高手马场先生，以穿着30公分的大鞋子而闻名。而这个事件中的犯人也不差，他是个穿着33公分的大鞋子的男人。

这名犯人在将这个穿着23公分的鞋子的女子杀害后，为了混淆脚印，便穿着被害者的小高跟鞋逃离现场。

然而，以他那么大的脚而言，他决不可能塞得进那双小高跟鞋。而他究竟是怎么穿着那名女子的鞋逃走的呢？

304. 喝苦药的考验

尽管气温高达44℃，50名美国游客还是及时赶到了墨西哥的一个小村庄。

"本村成年仪式现在开始。"当墨西哥导游高声宣布后，一位气喘吁吁、汗流满面的小伙子步履艰难地跑进村，精疲力竭地倒在树荫下。几个村民马上递上冰块，替他擦汗、按摩。

导游从村长手中拿过一只水杯，对游客大声说："现在最后的考验到了，这位刚刚跑完40英里的小伙子必须从容地喝下这杯最苦的药水。"

说着，导游将怀子递给游客，3位游客尝后脸色骤变，导游于是大发议论，旁边的美国游人也不知怎地纷纷解囊下注，与导游打赌，认定那个小伙子经不起喝苦药的考验。

哈莱金博士恰好是游客中的一员，他目不转睛地看着水怀递给那个小伙子。

小伙子一仰脖子喝下了苦药水，甚至连眼皮都没眨一下。

"你和这些村民在此设下了一个巧妙的骗局，"哈莱金博士对导游说，"但我劝你将钱归还游客。不然我要通知警察！"

那么，这是一个怎样的骗局呢？

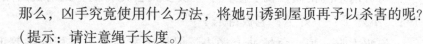

305. 绳子是帮凶

在一个深夜，住在共有 10 层楼的 M 旅馆的 9 楼中的 909 室的女人，被人发现遭人勒死在屋顶上。

但经过调查，909 室的房间里，已从里面上了两道锁，而且那个女性并没有离开房间一步。

那么，凶手究竟使用什么方法，将她引诱到屋顶再予以杀害的呢？
（提示：请注意绳子长度。）

306. 不可思议的宴会

这是一件发生在美国的案子。某夜，一名人犯从牢中逃脱了。由于他穿着上面有横条纹的囚衣，所以不敢走在大街上，以避人耳目。而整个城里，警方都已布下严密的警网，道路也全被封锁了。因此，这名囚犯就陷入进退不得的情形中。

他正在想要躲在哪里好时，突然看见前面 50 公尺处，有一间大宅邸似乎正在举办宴会，明亮的灯光从窗子向外泄出。他打算偷偷地进去偷一件衣服来换，但不幸地被人发现了。而令人惊讶的是，大家居然都拍着手来欢迎他。

于是，这名逃犯便和大家一起快乐地玩了一整晚。到宴会结束前，他穿着别人的衣服，成功地逃走。

然而，这个欢迎可怕的逃犯的宴会，究竟是个怎么样的宴会呢？

307. 一场不在现场的戏

一个冬天的晚上 8 点，私家侦探朱鸿，接到老友林楷山的电话："朱鸿，我的珠宝被盗，你快点来，我叫司机去接你!"语气很紧张。朱鸿知道那珠宝是人家定制的，还有一两天就得交货，老友怎能不心焦! 大约过了 2 个小时，林楷山的司机到了。

当车子驶回林楷山家后，已是子夜 11 点了。司机说："老板应该在 2 楼，我去请他。"

司机请朱鸿稍候，就上楼去了。没多大会儿，就听到司机的喊叫声："不好了! 不好了! 老板自杀了!"

朱鸿大吃一惊。急忙冲上楼去，但见老友吊在天花板的铁管上，脚下踏板椅子横倒在一边。这时，朱鸿和司机把林楷山的尸体移下来。

"咦，尸体怎么是温的?"司机脸色苍白，惊讶地说道，室内的空气是冷冰冰的，而尸体是温暖的。

"你是说，林楷山在我抵达之前才自杀的?"

"嗯……从尸体看，他似乎死了不到 1 小时。"

朱鸿搜查死者的身上，并没有遗书，他东摸西摸，却在口袋里找到一块融化的巧克力。巧克力是锡纸包着的，朱鸿打开一看，不由把怀疑的目光投向司机："如果没猜错，你就是凶手。你在接我之前，就把他杀了，然后略施手脚，造成假象，对吗?"

"哪……哪有那回事? 我接你来回 3 小时，如果我杀死老板，尸体应该是冰冷的。何况屋内无暖气设备。莫非认为我刚才在楼上杀死他的吗?"

"你是用巧妙的计谋，来演了一场不在现场的戏，我不是 3 岁小孩，不会轻易上当。"

朱鸿是怎么识破的？

308. 遗产安然无恙

艺术品收藏家万斯，出于一种求知的好奇心，经常私下帮助检察机关从事案件的侦察工作。

一天，一位年轻的妇女慕名来访，向他讲了这样一件事："我伯父住在芝加哥，终身未娶。他的全部财产大约有 10 万美元，换成现钞和宝石，保存在芝加哥银行的租赁金库里。然后，通过邮电局把金库的钥匙寄给了我，并留下遗嘱，让我在他死后再打开金库继承遗产。上月他因病去世。料理完丧葬，我去银行，可是，打开金库，里边只放着个信封。"说着，她从手提包中拿出那个信封，递给了万斯。

这是一个极为普通的信封，上面只贴着两枚陈旧的邮票，既没有收信人姓名，也没有信。万斯把信封拿到窗前的明亮处对着太阳照看，心想：也许在这上面有用密写墨水写的遗产藏匿地点。可是他却一无所获。

万斯歪着头沉思了片刻，突然好象意识到什么，问道："您的伯父有什么特别的嗜好或古怪的性格吗？"

"我只是在孩提时代见过他，所以不太了解。但据说他是个怪人，喜欢读推理小说。"

"原来如此！小姐，请放心，您的遗产安然无恙。"万斯微笑着把信封交还给她。"

那么，10 万美元的遗产到底在什么地方？

309. 火柴棍之谜

在一家私人宅邸3楼的客厅里，客人将装饰品放到桌子上，外出归来后发现其中一个戒指被盗。不知为什么桌子上却留下一支火柴。房间的门上着锁，窗户开了一点儿。但是3楼的房间，不可能使用如此高的梯子，窃贼也不可能是从窗外进来的。

实际上，这种同一手段作案已经是第三次了。前两次也是从很多宝石中只拣了一颗最便宜的，真不可思议，竟然会有如此的盗贼，每次同样在桌子上留下一支火柴。

请来私人侦探对此奇怪案件立案侦查，结果说明了以下几种情况：

（1）3次盗窃案使用同一手段，认定是同一人所为。

（2）作案时家属、客人及佣人全有足够的不在现场的证明，无人接近三楼客厅。

（3）无使用梯子破窗而入的迹象。

（4）为什么盗贼每次只选择一颗最便宜的宝石？

（5）作案时间是白天，不需要划火柴照明，物色盗品。

（6）现场留下的火柴棍上有用硬物夹伤的痕迹。

（7）秘书的房间有个鸟笼子，饲养了一只鹦鹉。

根据以上情况，侦探马上指出了谁是罪犯。

那么，罪犯是谁？现场留下的火柴究竟意味着什么？

310. 满船财宝

当了海盗的基德船长，掉转"冒险号"的航向，驶向红海。在红海狭窄的入口处有佩利姆岛。"冒险号"停靠在该岛背后隐蔽起来，伺机捕获猎物。

第三天，猎物终于出现了，是一艘两根桅杆的穆尔船。这是一条来往于印度、阿拉伯、非洲之间的伊斯兰教徒商船。

基德将全体部下集合在甲板上，宣布了自己的决定。

"今后，凡是在我们眼前出现的船都要捕获，诸位，有异议吗?"

尽管没有用海盗的黑话，但当船员们听懂了他的意思后，立刻扬起一片欢呼声，以前的不满情绪一下子烟消云散了。

"诸位，现在出现在海湾的那条穆尔船，就是我们的第一个猎物。以前我们的运气不佳，现在只要捕获眼前的这条船，我们"冒险号"就会金银成山，要想成功还要靠大家的努力。

穆尔船见"冒险号"的桅杆挂着英国国旗，丝毫没怀疑是海盗船，径直朝这边驶来，打算进入佩利姆港。

当对方船驶进射程之内时，船长基德立刻下令开炮，令其停船。

穆尔船发觉是海盗惊慌失措，忙用侧舷的几门大炮还击。可能是过于惊慌，6门大炮射出的炮弹老从"冒险号"的桅杆上空飞过，落到小岛的海滩上。

"哈哈哈，愚蠢的穆尔船员，好吧! 让我们来教教他们怎么打炮，只瞄准甲板和桅杆，但不要把它打沉了，开炮!"

基德的命令一下，"冒险号"一齐开火。穆尔船的甲板受到重创，桅杆折断，炮弹也打光了，只好乖乖地投降了。基德船长率领全副武装的部下一齐拥到穆尔船上。

他们俘虏了全体船员并清查了船上的货物，都是从印度的戈亚开往阿拉伯半岛麦加。为伊斯兰教运送的货物，如此说来肯定有很多光彩夺目的金银珠宝。

可是，翻遍了船舱，只有绸缎、香料及砂糖，扒光了船员的衣服进行搜身也没发现金银珠宝的影子。

"怎么会没有呢? 一定是藏到什么地方了。船长，如果不说实话，就把你们全杀掉!"

基德将穆尔船长及水手长等5人倒吊在桅杆进行拷问。

"不凑巧,这条船上没有财宝。我敢用全体船员性命担保,如果有的话,会全部献给您。没装财宝是我们双方的不幸。"穆尔船长意识到死神将至无可奈何地说。

"真倒霉,遇上这么个没油水的破船。"

满心期待着赫赫战果的基德船长大失所望,无奈只好掠夺了船上值钱的财物,然后一赌气放火烧了船。

"冒险号"为获取新的猎物又扬帆起航了。

穆尔人纷纷从燃烧的船上逃进海里,拼死向岛上游去。可能是炸药发生爆炸,眼看船被炸毁沉没。

基德船长站在"冒险号"的船头用望远镜观察着。

"糟了,我们被那个穆尔船长给欺骗了,马上向小岛返航。"他慌忙大声命令舵手返航。

他带领全副武装的部下,乘小舢板登上海滩。那些幸存游上岸的穆尔人正好在集合,基德用枪把他们驱散后,将他们掩藏起来的财富掠夺一空。

那么财宝究竟藏到哪里了?

海盗基德是如何发现财宝的?

311. 幽灵人

在一个深夜,警察 A 巡逻时,突然在一个漆黑巷子的转角碰到了一个戴着太阳眼镜的人。由于他的举止很怪异,所以警察 A 便向前去询问。而那名男子却突然抽出一把刀,往警察 A 的腹部刺入后逃逸。

警察 A 负伤追赶,并拔出腰际的手枪警告他说:

"不要跑,再跑我就要开枪了。"

子弹打中了他的右腿,那名男子弯了一下膝后又继续跑。警察 A 又开了第二枪,这次又击中了右腿腿腹。

但那名男子仍然跛着脚继续逃跑，并在转角处消失了。

几分钟以后，B巡警听到声音也赶到现场。过了不久警车也来了，但在附近搜索却没找到犯人。

沿着犯人的脚印去找，也没有发现血迹。这名男子难道是没有脚的幽灵吗？

312. 夏夜的怪盗

夏夜，女怪盗梅琦潜入G博士家的庭院，准备趁机进入屋内。但过了1个小时，一楼书房的灯依然亮着。"可恶，博士到底要看书看到什么时候嘛？还不快去睡觉……"

梅琦有点焦躁了。

手脚被蚊虫叮得很不舒服，所以梅琦边用手挥蚊子，边喃喃自语："要是喷些防蚊液就好了。"

午夜1点左右，书房的灯终于熄了。

博士好像上二楼了。等到二楼卧房的灯也熄了之后，梅琦从书房的窗户溜进去，打开抽屉，拿出博士的研究论文。接着，拿出照相机翻拍。

完成后将论文归位，悄悄地从窗户离去。

当然，没留下任何包含指纹在内的证据。

然而，3日后，团侦探来到梅琦的住处。

"潜入G博士家偷拍博士研究论文的是你吧？"

他直截了当地询问。

"才不是呢！你有什么证据吗？"

梅琦佯装不知。

"你的血型是B型RH阴性吧？"

"没错！那又怎么样？"

"B 型 RH 阴性，2000 人当中也找不到一人，非常罕见。而在 G 博士家的院子里发现了这种特殊血型，真是巧啊！"

听团侦探这么一说，梅琦吓了一大跳。那夜在院子里，并没有受伤或流鼻血，为什么自己的血会留在院子里？到底什么地方失误了呢？

313. 证据何在

在开发美国西部的年代，一个夏季的黄昏，有棵枯树上绑着一名牛仔，他脖子上被 3 根牛皮绳勒住，窒息而亡。警方推定死亡时间为下午 4 点左右。被捕的嫌疑犯用提出的时间、地点及见证人等证明在牛仔死亡时他不在现场，可是有人推断牛仔确实是被他杀的。你知道这是怎么回事吗？

314. 运钞车失窃案

装着 3 亿日元现钞的现金运输车在以往的行车路线上行驶，突然一辆轿车从旁边穿了出来，挡在运输车前面不动了。是发动机熄火了。

开车的是个二十四五岁的年轻女子，只是她一个劲儿地拧动钥匙试图发动车子，可就是打不着火。运输车慌忙向后倒车，可后面传来刺耳的鸣笛声。一时间，道路堵塞，喇叭声四起，简直围困得没有立锥之地。

约摸 7 分钟后，那女人的车总算发动着开走了。运输车上的保安人员也如释重负地舒了口气开动了车子。

到达目的后，保安人员打开运输车后箱的门锁，欲取下装着 3 亿日元的保险箱，糟了，装现钞的保险箱不翼而飞，出发时明明装在车上，看来只能认为是在刚才那 7 分钟时间里被窃的，可是究竟是怎么被盗的呢?

315. 越狱的囚犯

囚犯萨姆每天在铁窗台上撒面包渣儿。在监狱外,其妻放出信鸽,信鸽发现面包渣儿,便向萨姆的牢房飞来。这样反复进行几次,等信鸽记住了单人牢房的位置后,其妻子在信鸽腿上绑上线锯的锉刀,然后放掉信鸽。于是,囚犯萨姆便顺利地搞到了锉刀。

鸽子可在监狱的高墙上自由飞进飞出,而监视墙上的看守是不会注意鸽子会传递线锯的。

囚犯萨姆被关在监狱的单人牢房,可就在一天深夜,他用线锯的细锉刀锉断窗户的铁栏杆越狱逃跑了。

在萨姆被关在单人牢房期间,从没接受过外部送来的东西,虽然他的妻子常来探监,但只是在会客室隔着窗玻璃用电话交谈,传递线锯是不可能的。而且,他在被关进单人牢房时接受过严格的搜身检查。

那么,囚犯萨姆是如何搞到线锯的呢?

监狱长在查看牢房被锉断的窗栏杆时,见窗台上有鸟粪,便看出了名堂。

附：答案

1. ●●●○○○ 解释：（●代表盛满水的杯子；而○则代表空杯子）

将中间的●中的水倒入中间的○杯子中就可以了！

2. 儿子把信封上数字看反了，其实信封上写的是86元，因此，儿子去买东西时钱不够，还少了4元。

3. 仔细观察可以发现，在晴朗的天气，太阳可以照出影子，可以用卷尺将一个人的身高和身影量出，高层楼影也可以量出。然后用：人高/人影＝楼高/楼影这个式子计算出楼的高度。

4. 添加四个加号可以把这些数连起来，而且使他们的和等于100。即 $1+2+34+56+7=100$。

5. 这个人以"井"字型将西瓜切了4刀。

6.

8	9	3	1	4	2	5	6	7
2	6	5	9	7	8	4	1	3
7	4	1	5	3	6	2	8	9
9	7	6	8	2	1	3	4	5
3	5	4	7	6	9	1	2	8
1	2	8	4	5	3	7	9	6
4	8	9	3	1	7	6	5	2
5	3	2	6	8	4	9	7	1
6	1	7	2	9	5	8	3	4

7. 先拿6块木料，一边三个，如果一样重，就把这6块木料放在一边，然后在剩余的6块木料中拿出4块，一边放两块，如果一样重，就把剩余的两块木料分别放在天秤的两边，这样就可以找到重量不同的那块木料了。

8. 2角/字。

9. 把货车四个轮胎的气放掉一部分，车的高度就会下降，就能通过桥洞。

10. 21543。

11. 将玻璃杯倾斜45度。

12. X，因为 X 没有弧形。

13. C。

14. 黑色。

15. 803个心形。从图中可以看到，五个图形中有2个心形，2006/5 =401……1，401 * 2 =802，心型是排在第一位的，802 +1 =803。

16. 有一样的力度在地方对两球进行旋转，两球重心到内壁中心距离不同，速度不同，旋转速度快的是金球。

17. 查15个硬币放在一堆，再查10个硬币放在另一堆。然后将10个硬币全部翻面就行了，其实就是取补数。

18. 将最后一个加号的一横移到第二个加号处，最后变成247 −211。

19. 排成六角形。提到排列，人们总是想到横排或者竖排，但5人为一列，排成6列，24个人是不够的。所以排列时必须要考虑有的人要兼任两个队列的数目，这样排列时，那就要考虑六角形了。

20. （3 +3 ÷8） ×8 =27

21. 以右边的边为准，梯形将以右边的边面朝纸面，左边的边面朝纸外。

22. A。

23. 看图形可知，白色珠子一次一个，黑珠子除第一个外，其余是按照2的 n 次方的规律排下去。第一块黑珠子有1个，第二块有2

159

个，第三块有 $2 \times 2 = 4$ 个，第四块有 $2 \times 2 \times 2 = 8$ 个，第五块有 $2 \times 2 \times 2 \times 2 = 16$ 个，第六块有 $2 \times 2 \times 2 \times 2 \times 2 = 32$ 个，第七块有 $2 \times 2 \times 2 \times 2 \times 2 \times 2 = 64$ 个，第八块有 $2 \times 2 \times 2 \times 2 \times 2 \times 2 \times 2 = 128$ 个。可以推断出，前200个珠子中有8个白的，有192个黑的。

24. 第一组不对称，第二组双重旋转对称。

25. 答案：第12块是多余的。

26. 35。读音"三十五"，去掉"三"为"十五"，去掉"五"为"三十"。

27. 把这个立方体器皿倾斜一下，使水面刚好到达边缘，看盒子底下的边缘在水面之上还是之下。

28. 碰面。因为第一句和第二句的原意都有"橙子"，而解释的两句的意思里都有"游乐场"，第一句和第三句里都有"桔子"，解释的意思里都有"星期六"，所以"香蕉梨"的意思就是"碰面"。

29. G。

30. 因为甲在给 Exruel 输入程序时，把"25m 内是否有车辆"弄错了，若是车辆没有行驶却在 Exruel 前方停放，这就会使 Exruel 望而却步了。所以甲应该把程序改为"25m 内是否有正在行驶的车辆"即可。

31. 这些数字是有规律的，下一行是对上一行数字的读法。第一行 3，第二行读第一行，1个3，所以13。第三行读第二行，1个1，1个3，所以1113。第四行读第三行，3个1，1个3，所以3113。第五行读第四行，1个3，2个1，1个3，所以132113。第六行读第五行，1个1，1个3，1个2，2个1，1个3，所以1113122113。第七行读第六行，3个1，1个3，1个1，2个2，2个1，1个3，所以下一行数字是311311222113。

32. 这几个数字是有规律的，$1 = 0 + 1 \times 1$，$5 = 1 + 2 \times 2$，$11 = 2 + 3 \times 3$，$19 = 3 + 4 \times 4$，$29 = 4 + 5 \times 5$，$41 = 5 + 6 \times 6$，依次往下，第7个数字就是 $6 + 7 \times 7 = 55$，第8个数字就是 $7 + 8 \times 8 = 71$，第9个数字就是 $8 + 9 \times 9 = 80$，第10个数字就是 $9 + 10 \times 10 = 109$。

33. 现在我们不用两只的兔子的名字来称呼他们，而是用 A、B 来代表。老猴子给他们出的主意就是：兔子 A 先将蘑菇平均分成两份，然后由兔子 B 在两分中挑走其中的一份，剩下的一份就是属于兔子 A 的。因为蘑菇是由兔子 A 分的，所以在他的眼中，这两份当然是一样多的。兔子 B 在两份中挑选的时候，当然会挑走他认为比较大的一份。这样，两个兔子便都满意了。

34. 他是这样做的：他利用梯子把绳子的一头系在顶梁上，然后把梯子移到了门外。然后他从冷藏库里托出一块巨大的冰块带到顶楼。他立在冰块上，用绳子把自己系好，然后等时间。第二天当服务员发现他的时候，冰块已完全都融化了，这个领班就被吊在半空中。

35. 能够被 47 整除的三位数有 94，141，188，235，282，329……要仔细得观察 236 这个数字，看怎么变动可以满足要求。可以将236 中的 23 左右交换为 32，再把 6 的那张卡片上下倒置变为"9"即可变为"329"，能够被 47 整除。

36. 根据题意，第一层黑球多 3 个，第二层黑球多 5 个，第三层黑球多 7 个，依此类推，第 n 层黑球多 2n + 1，多 2005 个的时候，就是在黑球 1002 层的最后一颗。

37.

1	3	5	7
9	14	16	12
10	15	13	11
8	6	4	2

38. 3 点。仔细观察你会发现，这些点代表的是时钟。

39. 我看的是钟表。

40. GFE。

41. 人体是电的良导体，电话班长躺在地上，用双手分别握住断线的两头，让电流通过自己的身体流过去。

42. 这个书生借口方便离席，到了外面，他用纸包了一块土块，叫来小童悄悄塞给他，嘱咐说："我内脏毛病发作，不能喝酒。现在用这几文钱酬谢你，恳求你给我倒酒时浅一点。"

小童打开纸包一看是块土块，非常恼火，一气之下，就给书生倒了满满一杯酒。当他喝完之后，又给他倒了满满一杯。

这天，书生多喝了别人几倍的酒，高兴极了。

书生施的虽是小人之计，但对我们怎样动脑，却是有借鉴作用的。

43. 在第三天傍晚时分，两个汉子抬了一箩面粉，来到堂上，在印桌旁停下。一个人向衙役说："这面粉是老爷太太叫送来的。"另一个人拿起桌上的印包说："这包的是啥玩艺儿？"

衙役一见，猛喝道："放下。"

那人吓得手一颤抖，县印掉到面箩里去了。

那人赶快从面箩里把印拿出来，吹吹粉屑，放到原处。抬起面，按衙役指的路走了。

这一夜，又平安无事。第四天一早，简知县便喜滋滋地升堂，正要派衙役传刘之智，刘之智已来到堂下。

简知县说："刘之智，我的官印还在，你还有什么话说？"

刘之智说："堂上摆的那个是假的。"

简知县打开印包一看，是个黄泥做的印坯，大惊失色。原来，那晚印包落到面箩时，刘之智已把它"掉包"了。简知县连忙走下公案，向刘之智拱手道："先生果然有见识，本领高，请海涵。"

刘之智哈哈一笑，从荷包里掏出真印还他，说："往后，还请父母官少出馊点子。不然的话，你吃不了，兜着走。"

44. 朱元璋读为："明王明？不明。贤后贤？非贤。"太傅读为："明王明不？明。贤后贤非？贤。"

45. 行人听说隆胜居花万两纹银买了块破石头，一传十十传百，看稀罕的人越聚越多，把马路挤得水泄不通。亏得隆胜居老板想得周到，预先请了衙门里的公差开道，才得以运回，隆胜居一夜之间名满全城，妇孺皆知，成了响当当的字号。如此一来，隆胜居生意兴隆，三个月不到，老板竟净赚二万两银子。

46. 那人回去之后，终日不安，后来还是卖了房子，全家搬走了。

孙起山知道了这事，感慨万千，叹口气说："小人之心，竟以为天底下全是他那样的小人呢。"

这件事，也反映出封建专制社会"官"的厉害和可怕，以及老百姓对"官"的恐惧心理。

47. 东方朔立即回答说："大的马叫'马'，小的马叫'驹'；大的鸡叫'鸡'，小的鸡叫'雏'；大的牛叫'牛'，小的年称'犊'；人初生叫'儿'晚年称'老'。人类的老小生死，万物的繁荣枯衰，哪能有固定不变的名称呢？所以，这棵树过去我称它为'善哉'，现在称为'瞿所'，又有什么罪呢？"汉武帝听罢，哈哈大笑，连声说好。

48. 季瑜详细地询问了误吞鱼钩的经过，然后冷静地将小公子的嘴巴扒开，用蜡烛光照着喉管，又用一双象牙筷子轻轻按住舌头，沉着而细致地观察了咽喉的四周，发现喉腔后部有一丝很细的毛发似的东西。再仔细一端详，原来是一根丝线。顺着丝线认真看下去，才弄清楚这丝线是系在鱼钩上的。

鱼钩尖倒挂在咽喉管的肌肉上，若勉强用蛮劲将丝线朝上用力拉，肯定会把肌肉划开，有可能引起大出血，后果不堪设想。

怎么办呢？季先生紧锁眉头，脑子里不停地思索着。蓦地一个设想闪过心头，他眼睛一亮，赶吩咐道："快，快，找一小佛珠来。"

在医生们的协助下，季瑜小心翼翼地把一颗小佛珠穿进了丝线，珠子便沿着丝线下滑到鱼钩上。接着一个珠子一个珠子穿了起来……他缓慢而又均匀地对这些珠子施予一点点推力，便最后一颗珠子推动第二颗珠子，影响到第三颗、第四颗……珠子一个挨一个地相互向前挤着，使最先进去的那颗珠子通过鱼钩底端抵达鱼钩尖头，使钩尖被佛珠裹住，与喉管隔开了。

此时，季瑜先生停止用力，稍稍闭目休息了片刻。然后将丝线一提，鱼钩被迅速地拉了出来，相爷的小公子终于脱离了危险。顿时，府内上下一片欢笑。

49. 他想的办法是：调集八只大木船，分成四组，每组二只，一只装满沙子，吃水很深，一只空着。

八只木船一齐到沉船的海面上。一个人拿了八根绳索，和几个水手潜到海底，把绳索的一头分别拴在沉船的船头和船尾上，另一头拉紧，分别拴在八只木船上。

然后，水手们一起把船上的沙子，一担一担分别挑到空着的四只船上。原来装着的沙子的四只木船，船舷和水面几乎平了，沙子卸掉后，船舷渐渐升高，拴在船上的绳索从海里被拖出一截，海底的沉船自然也就让绳索给提上一段来。就这样，木船上的沙子每倒换一次，沉船就让绳索拉高几尺。整整用了三天时间，倒换了几十次，就在限定的最后一天，装着大炮的沉船露出水面了。

50. 徐知县喝道："这十千钱还不止六十斤吧？你毫不费力能背在肩上，可见你那头猪也是背得动的。还有，刚才我并没有问你偷猪的方法，是你自己先说出来的。由此可见，你对偷猪的方法十分在行哩。你还敢抵赖吗？"张某只得招供了偷猪的事实。

51. 苏高德吃过午饭，他故意把镰刀插在腰里，装着到处寻镰刀的样子。张财主骂道："磨时间，镰刀不是插在你的腰里吗？"苏高德说："青蛙无颈，小孩无腰。我现在有腰了，你说话可得算数啊。"说完就休息去了。张财主无话可说。

52. 上面只写着三个字：

"早晨好。"

53. 日军小分队长山田命令士兵四处搜寻，折腾了整整一个早晨，才在挖地瓜的野地里发现三个大田鼠洞，子弹都散落在洞穴里，而田鼠却一只也没见着。鬼子原本打算第二天扫荡邻村的，此时不得不改变计划，一个个拎着满是弹孔的子弹袋，狼狈地逃回了据点。

54. 雄性动物救雌性动物之事是常发生的事，因此，本文中的雄雁救侣的事是可能发生的。至于以黄金来赎伴，这只是巧合。因为雁子不识黄金，更不知人情世故：以金赎人。

55. 他们想出个信"驴"由缰的主意。于是，两个人坐在驴车上，只见那毛驴一路向西直跑了约50公里路程。在陵海市某村径直拐进一农家村舍，二人向院内一看，逃跑的车老板正在院内，瞪大眼睛看着自家的毛驴，不知是惊是怒。

56. 团侦探必须多上下一层楼梯。

大门在一楼，梅琦要上三楼，只要再爬两层楼就可以了。

但团侦探要到地下三楼，非得往下爬三层楼不可。

换言之，团侦探必须比梅琦多上下一层楼，当然会输了。

57. 桌子上的遗书是破绽。

插上电源线的插头，电风扇开始转动，桌子上的遗书就会被吹跑了。而那份遗书在尸体被发现时仍放在桌子上。

这就是说，被射杀的社长倒地时，碰到了电源线，插头从插座中脱落，使电风扇停止转动，然后凶手才将遗书放到桌上。毫无疑问这是他杀。

58. 凶手就是水泽久美子。

木村刑警去美容院向姐姐讲被害人是被用领带勒死时，当时久美子还头戴着烘干帽。戴烘干帽，有马达的声音，听不到旁边人讲话的声音的，然而，久美子却知道被害人是用领带勒死的事。这就暴露了她自己就是凶手。

59. 装满了水的金鱼缸放在书架上，书架下面的席子上放上生石灰。并且只留点儿猫食紧闭在室内，画家便外出写生旅行了。

看家的猫，不久因口渴找水喝，找遍各处发现书架上的金鱼缸，为喝到鱼缸里面的水，两只前爪扒在鱼缸上，此时，鱼缸倾斜跌落下来，水洒了遍地，为使鱼缸容易跌落，故意放得不稳。

金鱼缸洒出来的水正好浇在生石灰上，生石灰遇水发生化学反应，产生强热变成熟石灰。其热能燃着了书架上的书籍和席子，造成火灾。

60. 唐僧分到了2个冰淇淋。猪八戒、孙悟空、沙僧分了3个冰淇淋。$3 \times 3 + 2 = 11$。

61. 唐老鸭花了1.8元钱买了9个果冻。

62. 第一天吃了5罐，第二天吃了2罐，第三天吃了3罐。

63. 10分钟后，孙悟空在半路上追上了猪八戒，孙悟空还是比猪八戒先到大雷音寺。

64. 6天。

65. 应该排成7个方队。每个主队由13行11列（或11行13列）组成，因为：$13 \times 11 \times 7 = 1001$。

66. 23个。

67. 6块金子。

68. 6种。

69. 50分。

70. 21.5公斤。

71. 4支。

72. 720米。$300 \div (120 - 70) \times 120 = 720$米。

73. 62元。

74. 1。$(8 \times 8 + 8) \div 8 - 8 = 1$。

75. 64条。

76. 100米。

77. 分别是11111和111105。

78. 红衣20件，黄衣28件，蓝衣6件，白衣96件。

79. 白鼠70只，黑鼠45只。

80. 长方形罐头重90公斤；正方形罐头重60公斤；圆柱形罐头重30公斤。

81. 哈莱金在打电话时做了点手脚。在通话时，哈莱金一讲到打着重点的话，就用手掌心捂紧话筒，不让对方听到，而讲到没有打着重点的话时，就松开手。这样，警方就收到了这么一段"间歇式"的情报电话："我是哈莱金……现在……皇冠大酒店……和目标……在一起……请您……快……赶来……"

82. 3/8。

83. 5只大雁，队形是十字形的。

84. 小熊威克多是 150 千克；小狗史努比是 180 千克；小猫乐米乐是 120 千克。

85. 最好的香蕉卖了 3 斤，最差的香蕉卖了 8 斤。

86. 19 名同学。

87. 2519 页。

88. 孙悟空 19 个，猪八戒 18 个，沙僧 8 个。

89. 乐米乐写了 97 个字，史努比写了 70 个字，威克多 35 个字，圣吉奥 62 个字。

90. 14 个。

91. 大和尚 25 人，小和尚 75 个。

92. 84 岁。

93. 有 13 人分 83 匹布。

94. （89 + 67）－（160 － 10）= 6（个）。

95. （1 + 14）× 7 = 105（个）。

96. 1 ÷（1/5 + 1/15）= 15/4（小时）

97. 关羽 54 岁，张飞 45 岁。

98. 2 ×［（12 × 8 － 40）÷ 0.2 + 1］= 562 人。

99. 下午 2 点。

100. 是 14 千米。

101. 第一层原来有 144 本，第二层原有 183 本，第三层原有 123 本。

102. 12 只。

103. 桔子是 180 只，苹果是 360 只。

104. 5050。

105. 4 次。

106. 5 只鸡。

107. 苏东坡钓了 1 条鱼。

108. 左边取胜。

109. 文秀才、祝秀才、丁秀才各拿 10 两银子还给唐伯虎就行了，这样只动用了 30 两银子。如果按顺序还，要动用 100 两银子。

110. 米老鼠胜利。

111. 将遗产分为 7 等份，儿子拿 4 份，女儿拿 1 份，母亲拿 2 份。

112. 137 个军营，397 个士兵。

113. 从第一层到第九层依次为：16、15、14、13、12、11、10、9、8。

114. 原有酒 7/8 斗。

115. 48 个星期，他们在 12 月 2 日聚会。

116. 19 瓶。

117. 28 天。

118. 张飞亏了 8 两银子。

119. 31 场比拼。

120. 单峰驼 7 头，双峰驼 8 头。

121. 120 名士兵。

122. 285311670611，也就 11 的 11 次方。

123. 解决这个谜题关键在于，死后所经过的时间。也就是，在四个小时前，凶案发生的时候，正是在涨潮。海水一直拍打到凶案现场。而凶手在被害者靠近水边时，将他杀害。然后就走在水上或游泳而去。因此，在退潮了之后，当然是不会留下任何足迹。到现场时，凶手也是使用相同的办法。

124.（1）公鹅 4 只，母鹅 18 只，小鹅 78 只。（2）公鹅 8 只，母鹅 11 只，小鹅 81 只。（3）公鹅 12 只，母鹅 4 只，小鹅 84 只。

125. 108 颗。

126. 30 吨。

127. 30 根。

128. 20%。

129. 19 只鹅，每只鹅每天吃 17 条蚯蚓。

130. 相等。

131. 4500 首诗。

132. （1）如果是偶数，左手就是奇数（5两）；（2）如是奇数，左手就是偶数（2两）。

133. 每轮结束抢报3的倍数（3、6、9…30），让杜甫先报数。

134. 45平方分米。

135. 6名。

136. 6名。

137. 6支。

138. $1+2+4+8+\cdots\cdots+215=3276$元8角。

139. 高斯修桌子锯了5根，修椅子锯了1根，共6根，锯了5次，共损耗2.5厘米。$43\times5+37+2.5=254.5$厘米。没有余料，最节省。

140. 110岁。这里采用的是五进位制记数。

141. 把它们排成一行后，按顺序把7放在10上，把5放在2上，把3放在8上，1放在4上，9放在6上，这样成了2、4、6、8、10五堆排列。

142. 5米。

143. 1841年。

144. 大斧头24把，小斧头48把。

145. 大西瓜11元钱，巧克力0.5元1个。

146. 300公里。

147. 唐老鸭。唐老鸭骑完全程需要2小时24分钟，但米老鼠需要2小时30分钟。

148. 大本书3元一本，小本书1元一本。

149. 180米。

150. 两条折痕相距1厘米。

151. 3的21次方。

152. 6561个。

153. 左手笼子有3只狼5只鹰，右手笼子有4只狼3只鹰。

154. 刀15把，剑3把，枪2把。

155. 大象9头，单峰骆驼7头，双峰骆驼8头。

156. 16 人。

157. 大将 1 人，中将 3 人，上将 10 人。

158. 98 把。

159. 25 块牛肉。

160. 10 支。

161. 阿凡提 43 元，阿里巴巴 21 元。

162. 唐老鸭 93.4 斤，史努比 95.2 斤，米老鼠 89 斤。

163. 1.97 公斤米。

164. 那人说："我不缺钱。我是来这里做生意的，你们城里有什么地方可用 5 块钱停三天车的！"

165. 全幢大楼共有 7 层，每一层楼面上的顾客要到其余六层楼楼面去，就相当于提出了六种"乘梯要求"，7 层楼面就有 42 种要求（6×7＝42）。可是从第一层上升到第二层的要求，同第二层下降到第一层的要求可以由同一架电梯来完成，因此，这两种要求，实际上属于同一种要求。推而广之，上述 42 种要求，只有一半，即 21 种不同的要求。由于每架电梯允许停靠三个楼面，所以每架电梯就能解决 3 种要求，21 种要求只要 7 架电梯（21÷3＝7）就能全部解决了。

166. 小青带 9 元 8 角钱，用去 4 元 9 角，剩下 4 元 9 角。

167. 老板标价的方法是每个字 5 元，所以连衣裙是 15 元。

168. 32 号运动员最后离开队伍。

169. 楚人见一头鹿的价钱与千斤粮食相同，便纷纷制作猎具，奔往深山捕鹿，不再好好种田了。连楚国的官兵也陆续将兵器换成了猎具，偷偷上山了。一年之后，楚国的铜币堆成了山，但粮食严重短缺，出现了严重的饥荒。楚人想用铜币去买粮食，却无处可买。因为管仲早已发出号令，禁止诸侯与楚通商。这么一来，楚军人饥马瘦，战斗力大大下降。管仲见时机已到，集合八路诸侯大军，浩浩荡荡，开往楚境，势如破竹。楚成王内外交困，无可奈何，忙派大臣求和，同意不再割据一方，欺凌小国，保证接受齐国的号令。

170. 小白兔估计错了。因为有 1 封信装错，必然导致其余 3 封信

中至少有 *1* 封不能对应，这与小白兔的估计是不符合的。

171. 分别称一下重量，最重的面积最大，最轻的面积最小。

172. *4* 个就可配到相同颜色的乒乓球，*3* 个就不行了，因为还有一个机会，就是摸出 *3* 个不同颜色的乒乓球。

173. 一个柚子等于 *5* 个苹果的重量。

174. 它们买的的贺卡一样贵，都是 *6* 角钱 *1* 张。

175. 娟娟说："根据这两种车的时间特点，碰上哪种车就坐哪种车，反正票价都相同，乘哪种车都一样。"

176. 小熊说得对。袜子本身有袜口，把袜口算进去，正好 *12* 个洞。

177. 蜻蜓组拥有成员 *7* 名；蜘蛛组拥有成员 *5* 名；蜜蜂组拥有成员 *6* 名。

178. *5* 个。因为老师问的是有折痕的四边形。

179. 一个人把木板向河对岸伸出 *5* 尺左右，自己压住留在岸上的这一头。对岸的人就把他那边的木板搭在伸过来的木板上，从上面走过来。然后，他再替换着压住这岸的木板，这岸边的人就可以从木板上走过去了。

180. 男生 *2* 人，女生 *3* 人。

181. *3* 个长工把树木摆放成三角形。

182. 先用 *3* 根橡皮筋每根捆 *3* 支铅笔，最后一根橡皮筋把这 *3* 捆铅笔捆在一起。

183. 在一根线的一端拴一个螺母，用手把线的另一端轻轻捏靠在侧立的破碟子的上边，让线自然下垂，画下线所在的位置，然后换个位置再做一次，两线交叉的地方就是破碟子的重心。

184. 小凤与小兰都是 *6* 岁。谁的生日小谁就大些。

185. 共有 *119* 名女同学和 *1* 名男同学参加这次展览会。

186. 最后还剩下 *5* 根蜡烛，因为其余 *4* 根都燃完了。

187. 还有 *5* 个。

188. 一盒粉笔 *90* 克重。

189. 小杰说得不对。平均速度应为 3 里。

190. 3 个。

191. 因为三角形的两个边长的和总是大于第三边，而这个骗子说的恰恰是两个边长的和等于第三边，所以很快就识破了骗子。

192. 二班得了 47 分，一班得了 53 分。

193. 借助水的浮力，一个人先攀上软梯，另一个人待水齐到颈部时开始攀登。攀登的速度与水涨的速度相同，使水的高度始终齐人的颈部。借助水的浮力，人在水中的重量就大大减轻了，这样，软梯就可以负担得住两个人了。

194. 点数的猪娃娃都没将自己本身数上，其实一个也不少。

195. 10 只手有 50 个指头。

196. 树上只有一只苹果，树上一只猴子都没有，猴子都在地上打起架来了。

197. 还有 5 个。

198. 灵灵先用右手画圆，再用左手画正方形，当然画得好喔！

199. 这个窗户中一共有 14 个正方形。

200. 9 字去尾为 0，6 字去头是 0，8 字去一半仍是 0，所以，这次打猎是一无所获。

201. 小王的车牌号码是 9317。

202. 这一位学生画了一座城楼，城门口的战马刚露出半个头，一面"帅"字旗斜出。虽然没见一兵一卒，但千军万马可想而知了。

203. 张工程师用木板钉了一只长宽高均为 1 米的木箱，然后将钢坯斜角放进去，因为 1 米的立方体它的对角线超过 1.7 米。

204. 小孩回答说："要看是多大的桶。如果桶和水池一样大，那就是一桶水。如果桶只有水池一半大，那就是两桶水……"

205. 小狗跑的路程是 50 米。最简单的计算办法是，在爸爸赶上明明之前的时间里，小狗一直在按相同的速度连续奔跑着，而爸爸与明明间的 10 米距离，每秒都缩短 1 米。所以，2 人相遇是在 10 秒后。小狗的速度为 5 米/秒，它跑的路程就是 50 米。

206. 小聪在瓶子里灌满了水，然后将水倒在一个量杯里，这就得出了非常准确的容积。

207. 小凡还有498本书，除了2本书被小妹妹弄丢了外，小明和小刚借去的仍然是他的。

208. "1111"是独一无二、"1001"是始终如一。"1111"是说学习几何没有捷径，必须始终如一地坚持刻苦学习，才能学有所成。

209. 3支箭中了10环，1支中了7环，还有1支射到靶子外去了！

210. 3个儿子，4个鸡蛋。

211. 婆婆说的三五天是 $3 \times 5 = 15$ 天，七八天是 $7 + 8 = 15$ 天，因此3个媳妇可同去同回。

212. 将纸随意折叠，再将B部分折过去与A部分边缘并拢即可。

213. 原来是打字员把89打颠倒了。

214. 最少可以切一块，就是不切。

215. 文文的妙法就在于他先沿着螺旋形切蛋糕，然后从上而下再来一刀。

216. 老人把自己的那头骆驼先算入富人的17头骆驼中去，就是18头。富人的大儿得9头，二儿得6头，三儿得2头，共是17头。老人的那头仍旧是他自己的。

217. 因为9是单数，沙僧第一次只拿一个，紧接着每次都拿两个。这样猪八戒吃完了，沙僧还有一个在手里。

218. 查理的话是真的。因为他是跟比尔比赛1000米长跑，跟杰克比赛100米短跑。

219. 爸爸植了14棵，哥哥植了7棵，小冬植了2棵。

220. 小波的答案是火箭先到达美国，实际上火箭飞到天上去了，应该是飞机先到达。

221. 欢欢找来一个大玻璃瓶，把醋全倒进去，在瓶上做个刻度，然后把醋倒出来，再把柴油倒进玻璃瓶，达到那个刻度就是3升柴油了。

222. 要76分钟。

223. 一共 23 给。即 (3+6−2+7−3) ×2+1=23。

224. 不是的。这对双胞胎是哥哥在 12 月 31 日 12 点前生的，而弟弟则是在第二年 1 月 1 日生的。

225. 这年 2 月份根本就没有 29 日，这个人说他 29 日在迪斯尼乐园玩就是撒谎。

226. 原来，如有新生儿出世，同样数目的成年人就会马上离开村子，生一个，走一个；生两个，走一对，直到村子里有人死亡，总人口少于此数的时候，他们才回到村里，再凑满 147 人。所以他们村的人口数字永远不变。

227. 警方推断，被车撞后仰面倒地的男子，很可能将逃跑车辆的号码上下看颠倒了。"6198" 的数字倒过来看，就成了 "8619"。警方按此线索调查，果然抓到了交通肇事犯。

228. 先把那个 3 斤的砣放在秤上称出重量，然后用手帕包上沙子或别的东西，称出几倍 3 斤的砣的重量，把它系在底砣上，就可以称西瓜了。

229. 因为 1979 年是质数，即只能被自己及 1 整除的数字，故 a+b=1979。同时 a 和 b 必定是一奇一偶的三位数，其相差必是奇数。因此 a−b=1 或 3（不可能是 12 的其他偶因数）。

由 a+b=1979；

或 a−b=1 或 3；

分别得出：

a=990 或 a=991；

b=989 或 b=998；

由于 b 的最后一个数能整除 24，最后算出的特别电话号码是：991998。

230. 尽管小贩在音乐的伴奏下拼命吆喝："二分，一大碗香茶。"可是，到了晚上，他只卖出一碗茶水，得到二分钱。

231. 深谙车老板们种种花招的稽查员早有准备。戴着耳机、手持立体声录音机的女稽查员小李嘲讽地说："你想听听录音吗？"车老板

只好乖乖地交出营运证，听候处理了。

232. 圆竹筒的1/3处有个竹节，因刀子搁在竹节上没有劈过去，就说缺少米，无法过节。

233. 3天里捉3只老鼠，就是平均1天捉1只。所以要在100天里捉100只老鼠，也同样是3只猫就够了。

234. 当钟敲到第十次时，便用去27秒。很多人便直觉地认为每打一次钟要用2.7秒。其实，这10次声响之间，只有9个空间，因此钟声与钟声之间是相隔3秒。而12次钟声则11次空隙，故是33秒。

235. 28秒。

236. 其中一个连盘拿走，盘里就留着1个苹果。

237. 物体所受重力的大小，取决于地球对物体的吸引力。地球对同一物体的吸引力，在地球表面的不同地方，实际上是不完全相同的，它随着离地心距离的大小而变，距离近了，吸引力就大些；距离远了，吸引力就小些。据科学计算，在两极地区物体的重力，要比赤道附近大0.53%。如果在南北极称是1千克的东西，运到赤道附近时，就只有0.9947千克了。同时，物体重力还同地球的自转速度有很大关系。在南北极，基本上不受地球旋转的影响，所以，那儿的地球引力最大；在赤道附近，受地球旋转的影响最大，地球引力减小。基于以上原因，那商人将5000吨青鱼从北极附近的阿姆斯特丹运到赤道附近的马加，自然就减少19吨。因此，偷鱼贼不是别人，而是"地球引力"。

238. $(4×4+4)÷4=5$；$4+(4÷4)×4=20$；$4×4+4+4=24$；$(4+4)×4-4=28$；$(4×4-4)×4=48$；$4×4×4+4=68$

239. 在镜中照见的物体都是左右相反的。数字中除0外，只有1和8在镜中照出来的仍旧像1和8，于是知道鸡和鸭的积一定是81，因为81在镜中照出来的是18，正好是9+9，由此可知，小敏家里养的鸡和鸭各是9只。

240. 原来由地下至六楼，实际只有5层；由六楼至十二楼，则有6层，故此需要48秒。

241. （1）两个罐都没有桔汁流出来，说不上哪个快。因为一定

175

要有外面的空气进入罐里，桔汁才能流出。如果只有一个孔，外面的空气进不去，罐里的桔汁也就出不来。即使有两个孔，如果挨得比较近，空气同样不能进去，因此桔汁照样流不出来。要使桔汁顺利地流出，两个孔必须隔远些。斜着倒，让一孔进空气，另一孔出桔汁。（2）斜着倒得快。斜着时外面空气比较容易从瓶口进入瓶里，水容易流出来。瓶子开了孔以后，进入瓶里的空气比斜着的瓶多，所以水流得快。这道题可以用塑料瓶做试验。

242. 用一把尺迅速地击卡片，使卡片从杯子上飞出来。由于惯性的作用，鸡蛋会落到杯子里。

243. 只剩下两名乘客。

244. 梯子一共有23级，即（3＋6－2＋7－3）×2＋＝23。

245. 兄弟3人各自赶1~2只羊，分别通过关卡，所以一只羊也未损失。

246. 王先生既然拿出3个馒头，即手上握着3个馒头。

247. 分配子弹后，3个猎人共消耗了20发子弹。此后，3人所剩的子弹总数和分配时每人所得的子弹数相同。假如X为子弹的总数，减去12粒后，仍等于子弹总数分给3人的数量。故公式是 x－12＝x/3，x＝18。

248. 光速每秒20万千米，子弹速度约每秒1~2千米之间，而声速为每秒1/3千米。可见最先发觉有人开枪的是聋子，其次是睡着了的人，最后是瞎子。

249. 先找出他们相隔日子的最小公倍数，即是他们要经过48个星期才会相会。分别之时是1月1日，48个星期后便是12月2日。

250. 100位读者中有99位也会说："两人同时回来。"但事实上却不然。在流动河水中划艇，若是顺流时，当然可少不少气力及时间，但所缩短的时间却不是弥补在逆流时所增加的时间。所以在河里划船的运动员要比在静水中划船的运动员迟回到出发点。

251. 按下列次序搬枕木 5→1，6→1，9→3，10→3，8→14，4→13，11→14，15→13，7→2，12→2。

252. 设：玲玲的年龄为 x，晶晶的年龄为 y，则黄老师的年龄为 $10x + y$。根据题意可列出方程：

$10x + y = 2xy$，

因为 x 不等于 0，则原方程两边同除以 x 后，得

$10 + y/x = 2y$。

令 $y/x = z$，这样原方程变成一个二元一次不定方程

$10 + z = 2y$。

因为，10 和 2y 都是整数，

所以，z 也是整数。

因为，x 和 y 都是正整数，且 $y = xz$，

所以，y 也一定是 z 的整倍数。

根据上述条件，适合方程 $2y - z = 10$ 的解只有

因为，$x = y/x = 6/2 = 3$

所以，原方程的解是

即：晶晶 6 岁，玲玲 3 岁，黄老师 36 岁。

253. 可以。当小明身体离开地面时，两边绳子所承受的重量分别是 25 公斤，而小明的双手是可以举起 30 公斤的物体，因此，他可以将自己拉起来。

254. 梨 11 个，桔子 7 个。

255. 第一个和第二个代销店各分得：满桶 3 个，半桶 1 个，空桶 3 个。第三个代销店分得：满桶 1 个，半桶 5 个，空桶 1 个。

256. 猫能吃到肉。猫和狗的速度本来是一样的，但是在去的 100 米里，猫是一步 2 米，100 米需 50 步，返回时仍需 50 步。而狗一步是 3 米，跑 33 步才达 99 米，跑 100 米还差 1 米，这样还需再跑一步，就是说在第一个 100 米的比赛中，狗需跑三十四步，返回时仍需 34 步。因此，在 200 米的来回中，狗要跑 68 步，这相当于猫跑 102 步的时间，而猫来回只需跑 100 步，所以猫便获胜了。

257. 汽车走了 110 千米。另一个路标的数字是：16061。

258. 因为在这条山道之中，有一条只容一人通过的古老吊桥，每

人每次过桥的时间是30秒。因此，每多一人使用这条山路时，便会多耗30秒钟。

259. 当时小明是站在7000英尺以上的高地上，由于雨云的高度一般都在7000英尺以下，所以尽管小明的四周是下着倾盆大雨，然而在小明的头顶却是一片晴空。

260. 对第二列列车上的旅客来说，第一列列车的移动速度是45 + 36 = 81（千米）/每小时，也即等于22.5每/秒。

因此第一列列车的长度为22.5 × 56 = 1260（米）。

261. 山高600米，加上人高已不止600米，所以鸡蛋掉下600米时，离地还有一个人的距离。鸡蛋还在空中，所以还是好的。

262. 这个题小刚是利用中间项乘以项数等于总和的道理解出来的。从1到15，中间项为8，8 × 15 = 120（人）。

263. 由于每个人都看不到自己头上戴的那顶帽子，因此如果设男孩有x个，女孩有y个，那么对每个男孩来说，他看到的是x − 1顶天蓝色帽子和y顶粉红色帽子；对每个女孩子来说，她看到的是x顶天蓝色帽子和y − 1顶粉红色帽子。于是根据已知条件有：

x − 1 = y, x = 2（y − 1）。

解这个方程组，得x = 4，

y = 3。

即男孩子有4个，女孩子有3个。

264. 玛丽切出22块。因为题目只要求切的块数多，至于每块的大小并未限制。只要每1刀交叉的线较多，切的块数也越多。要想切的块数最多，必须遵守两条规则，即不应该有两条互相平行的刀痕，也不应该让3条刀痕共点。

265. 有3个角、4个角、5个角。

266. 因为左手里的蚕豆不论是单数或双数，乘2以后都是双数。右手里的蚕豆如果是双数的话，乘3以后仍旧是双数（如果是单数，乘3以后就是单数）。两个双数相加应该是双数。但是小英算出来的是43，所以知道他右手里的蚕豆是单数。

178

267. 因为每排10人，最后一排少1个人，可见国王的兵数要比10的倍数少1个（即是说，如果将兵数加1，就恰好是10的倍数）。同理知道兵数比9、8、72的倍数都少一个，那国王的兵数一定是10、9、8、72的公倍数减1，可是10、9、8、72的公倍数不只一个，先求它们的最小公倍数，得2520，再减去1，得2519，这个数字没超过3千，符合文中所说的条件，所以国王的兵数只有2519人。

268. 两个副将所走的路程相等，设路程为 S，又设乘船走完全程所需要的时间为 t，船的速度为 v，故 $t = \dfrac{S}{v}$。骑马者后来步行所花的时间应为 $\dfrac{1}{3}S \div \dfrac{2}{5}v = \dfrac{5S}{6v} = \dfrac{5}{6}t$，骑马所花的时间为 $\dfrac{2}{3}S \div 3v = \dfrac{2S}{9v} = \dfrac{2}{9}t$，所以骑马者走完全程所需要的时间为 $\dfrac{5}{6}t + \dfrac{2}{9}t = \dfrac{19}{18}t$。因为 $\dfrac{19}{18}t > t$，所以骑马者将比乘船者慢，乘船者将先得到宝剑。

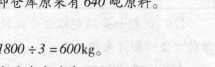

269. 使用倒推法：首先 $6 \times 4 = 24$，然后 $24 \div 3 = 8$，再然后 $8 + 2 = 10$，最后 $10 - 1 = 9$。因此，这个数是9。

270. 倒推法：你可能会认为每次都吃"一半又半个"，认为这不符合实际，于是就不去进行仔细认真地分析，被"半个"这一假象所迷惑。其实，只要使用倒推法，就很容知道第三天吃了 $0.5 \times 2 = 1$（个）鸡蛋，于是问题就可以迎刃而解了。

即：$[(0.5 \times 2 + 0.5) \times 2 + 0.5] \times 2 = (1.5 \times 2 + 0.5) \times 2 = 3.5 \times 2 = 7$（个）。

271. 使用倒推法：先求第四批运出后剩下多少吨原料：$24 + 24 \div 2 + 4 = 24 + 12 + 4 = 40$（吨）；再用倒推法求最初仓库里有原料多少吨：$40 \times 2 \times 2 \times 2 \times 2 = 640$（吨）。即仓库原来有640吨原料。

272. 倒推法：

（1）剩余的西瓜是多少千克？$1800 \div 3 = 600$kg。

（2）第二天所运200kg后的一半是多少千克？$600 + 30 = 630$kg。

（3）第二天所运200kg后有西瓜多少千克？$630 \times 2 = 1260$kg。

（4）原来的一半是多少千克？$1260-200=1060$（千克）。

（5）原有贮存多少千克？$1060 \times 2 = 2120$kg。

因此，水果站原来贮存西瓜2120kg。

273. 答案：57

解析：聪明错把减数个位上 1 看成 7，使差减少 $7-1=6$，而把十位上的 7 看成 1，使差增加 $70-10=60$。因此这道题归结为某数减 6，加 60 得 111，求某数是几的问题。

解：$111 - (70-10) + (7-1) = 57$

274. 采用倒推法，如下图：

操作次数	袋中球个数
初始	$(50-1) 2 = 98$
1	$(26-1) 2 = 50$
2	$(14-1) 2 = 26$
3	$(8-1) 2 = 14$
4	$(5-1) 2 = 8$
6	5

275. 使用倒推法，请看下图答案：

	甲	乙
初始	$8+12=20$	$242=12$
A给B后	$162=8$	$16+8=24$
B给A后	16	16

276. 此题如果用顺推法会比较麻烦，甚至无从下手，可以采用倒推的方法，倒过来想一下：

（1）首先我们可以知道，小芳在没有借给第四个同学书时，手中还有：$8+15+1=24$（本）书。

（2）再求没有给第三个同学时，手中有书：$24+24+1=49$。

（3）然后求没有给第二个同学时，手中有书：$49+49+1=99$。

（4）最后求没有给第一个同学时，手中有书：$99+99+1=199$。

因此，小芳原有书199本。

277.

开始					最后
哥哥 10	$\xleftarrow{18-8}$	18	$\xleftarrow{9\times2}$	9 $\xleftarrow{14-5}$	14
弟弟 16	$\xleftarrow{8\times2}$	8	$\xleftarrow{17-9}$	17 $\xleftarrow{12+5}$	12

倒推法：我们要先算出最后哥哥、弟弟各搬几块砖。只要解一个"和差问题"就知道：哥哥搬"$(26+2)/2=14$"块，弟弟搬"$26-14=12$"块。请看下图：

因此，弟弟准备搬16块砖。

278. 倒推法：小马错把个位上的1看作是7，使差减少$7-1=6$，而把十位上的7看作是1，使差增加$70-10=60$。因此这道题归纳为某数减6，加60等于111，球某数是几的问题。

解：$111-(70-10)+(7-1)=57$。

因此：正确答案应该是57。

279. 倒推法：因为筐里的萝卜除了小新拔的就是小虎拔的，综合这两个人的话可以得出：小虎拔的4个萝卜是筐里萝卜总数的一半少一个，或者说小新如果给小虎一个，小虎的萝卜就是筐里总数的一般。因此求得：总数的一半就是：$4+1=5$（个），再求出总数：$5+5=10$（个）。

所以，筐里一共有10个萝卜。

280. 倒推法：设开始有x个香蕉，我们可以把x写成（x+4）-4。

第一个人来了，分给猩猩1个，此时还有香蕉：$(x+4)-4-1=(x+4)-5$。

这时可恰好分成5份，每份的香蕉数为：$[(x+4)-5]/5=(x$

+4) /5 - 1。

(x + 4) /5 必须为整数，所以（x + 4）是5的倍数，第一个人拿走一份后，剩下的香蕉为：

(4/5) × [（x + 4）- 5] = (4/5) × (x + 4) - 4。

第二个人来了，分给猩猩1个，拿走一份之后，剩下的香蕉数为：

(4/5) × [（4/5）× (x + 4) - 5]。

因为（4/5）×（4/5）× (x + 4) 是整数，所以（x + 4）应是5 × 5 = 25的倍数，如此下去，五个人一分一拿，恰好剩下：

(4/5) × (4/5) × (4/5) × (4/5) × (4/5) × (x + 4) - 5 个香蕉，

故（x + 4）必须是5 × 5 × 5 × 5 × 5的倍数，即 x + 4 = 5^5

所以，x = 3125 - 4 = 3121，最少有3121个香蕉。

281. 顺着推算，比较困难，若使用倒推法，你会很快发现其中的奥妙。你可想获胜，那么你最后一次抓牌后，应只剩下1张牌。在之前的一轮，你应该留给对方6张牌，这样，无论对方抓几张，你总能在抓完牌以后留给对方一张。如以下分解：

他抓1张，你抓4张，还剩1张。

他抓2张，你抓3张，还剩1张。

他抓3张，你抓2张，还剩1张。

他抓4张，你抓1张，还剩1张。

再往前一轮，你应该留给对手11张牌……这样倒推每次留给对手的牌数应是：

1→6→11→16→21→41→46→51，使你立于不败之地。

282. 第10个人开始说："不知道自己头上的帽子的颜色。"这说明在这9个人中有一个人带白帽子，要不然他马上就知道自己带的是白帽子。

第9个人知道了9个人中有人戴白帽子，但不能确定自己帽子的颜色，这说明，前面的8个人中有一个人戴白帽子，所以他不能确定自己帽子的颜色。

依次类推，10 个人都不能确定自己所戴帽子的颜色。

因此，第一个人确定自己戴的是白帽子。

283. 请看下图所示答案：

变动情况	甲	乙	丙
初始状态	$12 + 42 + 24 = 78$	$84 \div 2 = 42$	$48 \div 2 = 24$
1	$24 \div 2 = 12$	$24 + 12 + 48 = 84$	$96 \div 2 = 48$
2	$48 \div 2 = 24$	$48 \div 2 = 24$	$48 + 24 + 24 = 96$
3	48	48	48

284. 解题关键：小虫每天长一倍的意思是：第二天的身长是第一天的 2 倍，第三天的身长是第二天的 2 倍，第四天的身长是第三天的 2 倍，……，从 24 天能长到 20cm 开始，往前倒推。当长到 $20 \div 2 = 10$cm 时，就是小虫已长 23 天，一次倒推。

（1）倒推法：

$20 \div 2 \div 2 = 5$（厘米），$24 - 1 - 1 = 22$ 天。

（2）用列表倒推法解：

出生天数	幼虫身长（厘米）
24	20
23	10
22	5

因此，长到 5cm 时需要用 22 天。

285. （1）好心人没有给第三个乞丐时，剩下的钱是 $(1 + 3) \times 2 = 8$

（2）好心人没有给第二个乞丐时，剩下的钱是 $(8 + 2) \times 2 = 20$

（3）好心人原本的钱有：$(20 + 1) \times 2 = 42$

因此，好心人口袋里有 42 元钱。

286. 倒推法：

因为每次报的都是 1~6 的自然数，2000 - 1 = 1999，2000 - 6 = 1994，A 要获胜，必须使 B 最后一次报数加起来的和的范围是 1994~1999，由于 1994 - 1 = 1993（或 1999 - 6 = 1993）。因此，A 倒数第二次报数后加起来的和必须是 1993。同样，由于 1993 - 1 = 1992，1993 - 6 = 1987，所以要使 B 倒数第二次报数后加起来的和的范围是 1987~1992，A 倒数第三次报数后加起来的和必须是 1986。同样，由于 1986 - 1 = 1985，1986 - 6 = 1980，所以要使 B 倒数第三次报数后加起来的和的范围是 1980~1985，A 倒数第四次报数后加起来的和必须是 1979，……。

把 A 报完数后加起来必须得到的和从后往前进行排列：2000、1993、1986、1979、…。观察这一数列，发现这是一等差数列，且公差 d = 7，这些数被 7 除都余 5。因此这一数列的最后三项为：19、12、5。所以 A 要获胜，必须先报，报 5。因为 12 - 5 = 7，所以 B 报几，A 就报 7 减几，例如 B 报 3，A 就接着报 4 = 7 - 3。

（1）A 要获胜必须先报，A 先报 5。

（2）以后，B 报几 A 就接着报 7 减几。

这样 A 就能一定获胜。

287. 采用倒推法：从游戏的规则不难看出，不能将最后的 1、2 或 4 根火柴留给对手，否则对手会一次将它取走而获胜，应将 3 根火柴留给对手，你才能取胜。再倒推一步，不能把 5 根或 7 根火柴留给对手否则对手会把 3 根火柴留给你导致你的失败。因此，只能将 6 根火柴留给对手，这样无论他怎么取，你总能把 3 根火柴留给他。

从上面分析不难看出，如果你每次取走火柴后留给对手火柴的根数总是 3 的倍数时，你就必胜。

288. 从上图就会发现，如果用顺推法我们很难算出小二原来有多少钱。如果我们反过来求解，就很容易算出原来的钱数。如果给老人 32 元，最后一次从树洞里取出的钱就是 32 元，第 4 次放进去的钱就是 32 ÷ 2 = 16 元了，照这样倒推回去，就得到下面的图示：

这样倒着推，我们很快就能求出小二原来的钱数只有 30 元。

289. 倒推法：根据"剩余炭的 2 倍是 1200 吨"，就可以求出剩余炭的吨数；根据"第三次运出现有炭的一半又 50 吨"和剩余炭的吨数，就可以求出现有炭的一半是多少吨，进而可求出现有炭的吨数；用现有炭的吨数减去第二次运进的 450 吨，就可以求出原有炭的一半是多少，最后再求出原有炭多少吨。

(1) 剩余炭的吨数是：$1200 \div 2 = 600$

(2) 现有炭的一半是：$600 + 50 = 650$（吨）

(3) 现有炭的吨数是：$650 \times 2 = 1300$

(4) 原有炭的一半是：$1300 - 450 = 850$（吨）

(5) 原有炭的吨数是：$850 \times 2 = 1700$

因此，货场原来有炭 1700 吨。

290. 凶手 4 小时前作案的时候，正值涨潮。潮水升到了杀人现场的汀线。海岸被海水侵蚀而形成的线状痕迹在汀线上，把被害者叫过来杀死，行凶后，凶手再沿着汀线离开了现场，足迹才能因此被冲刷掉。

291. 改变脚味逃走。

逃狱犯在森林中脱下帆布鞋，并往鞋里撒尿，再继续往前跑。如此一来，足迹的味道改变，警犬也被弄糊涂了。在森林中，因为地面有落叶，不但能掩盖小便的痕迹，也不会留下足印。

为了阻止警犬追踪，以小便掩盖足迹的技巧经常被使用在侦探小说中。换句话说，这是自家制的快速除臭剂。

如果是在牧场，因为到处都是牛马的粪便，若是故意踏在粪上逃亡，即可在中途使足迹的味道改变。

据说，就算是在野外历经 10 日风雨的足迹，警犬也能嗅出正确的味道。

292. 凶器是袜子。

凶器是塞在男子口袋里的袜子。袜子装满沙子后，硬如棍棒，用来敲死受害的那位女子。

之后，将袜子内的沙子倒出，凶器就不见了。

293. 帐篷扎营的位置不自然。

刑警看见帐篷搭在一棵大杉树下方，断定此为他杀事件。

为什么呢？

这两人是野外生活社团的团员，如果要在宽广的草原搭帐篷，应该不会搭在大树下方。搭在大树下方，万一气候急剧变化，有遭雷直击的危险。

更何况，群马县是多雷地区。

他们是当地大学生，又是野外生活社团团员，岂有不知落雷危险的道理。

294. 合欢树一到晚上，叶子就会合起来。这就是植物的"睡眠运动"。但是，即使并非夜晚，只要手碰或雨淋，叶子还是会闭。

因此，如果是在下雨时遇害，即使血飞散，由于叶子闭合，所以不会附着于表面。血之所以沾在叶子表面，他是在骤雨之前遇害。之后就算下雨，也因叶子闭合，沾在树叶表面的血不会被冲掉。

由于尸体被发现时已经下过雨，树叶再度打开。看见飞散在叶子表面的血，宫本武藏推测被害者是在骤雨前遇害。

如果是在下过雨之后才被杀，虽然血也会喷到树叶表面，但这样一来，尸体不会湿淋淋的。

295. 偏西风的缘故。

罪行发生的当晚所下的雨含有4日前中国在塔克拉马干漠进行核爆试验的放射能成分。

鉴识人员以放射能测量器检查，却检查出尸体未含有放射能，因而轻易地拆穿了犯人的伪装。

在塔克拉马干沙漠上空含有放射能的云，随着喷射气流，大约经过4天左右，即会到达日本上空。

296. 值得注意的是旅行箱的数量。假如是真正的夫妻，那么一般都是两人合用一个旅行箱或提包。否则，两人会各自带自己的旅行箱的。

像两个人的行李混放在一个旅行箱这种打包方式，不可能是各自住在不同地方的人。所以，A夫妇就是罪犯。

297. 女店员是同伙。

可能性有两个。一是广播内容本身有可能是联络暗号，但这种暗号只限于通知对方，而不能进行接头。所以，答案只能是一个，即女店员是同伙。这么考虑顺乎情理。

298. 在100年前，这位朋友的祖父生了一对孪生子，在孩子长大后，父亲就在不同的地点给两人个各盖了一栋景观及室内装璜一模一样的房子。

案犯利用了这两栋房子，他在巴特的酒中加了安眠药，使他熟睡，转移到另一所房中去，又特意加上那个吵架打破的酒瓶，目的是造成黑屋消失的假象，阻碍他去调查珍宝。

299. 那对年轻夫妇是罪犯，为了避开这个女学生，在伦敦集合前先打昏她，然后由妻子打扮成女学生，他们把画藏在书包中，和这些学生的行李放在一起，躲过了检查。想等火车到巴黎后，再偷出书包。所以进入洗手间恢复本来面目。女学生的帽子和鞋子又大又重因而被她扔到了窗外。

300. 犯人其实是计程车的司机。

那名女子事实上和绑票并没有任何关系，她只是受司机之托，从公园把皮箱拿走而已。

计程车司机把里面的钱拿出来之后，又把空的皮箱交给那名女子，拜托她放在车站的保管箱里。当然他也给了那名女子一些钱作为酬劳。

301. 约翰说那只鹿站起来时先立起前腿，而鹿站立时总是先立起后腿的。

302. 她在采取急救措施。真实的情况是，吉米和继母一起到树林里去，吉米的肩膀被毒蛇咬了一口，他的继母在没有其他办法的情况下只能用嘴把毒液吸出来。

303. 他是以手穿着那女人的23公分的高跟鞋，倒立着离开现场的。即使是个脚很大的男人，只要用手的话，仍然可以穿进高跟鞋的。

304. 那小伙子刚刚吃过冰块，舌头上的味觉细胞已被麻痹，分辨不出苦味了。

305. 睡在909号室的那名女子，因为听见窗子上有声音，所以就睁开眼睛，打开窗子探头出去看。而凶手从屋顶上伸下的绳圈便正好将她的头套住，于是她就被勒死了。

306. 这个宴会是个化装舞会。所以，舞会中的人认为他是化装成囚犯的样子，才穿着囚衣，因此非常欢迎他。

307. 司机把林楷山勒死之后，假装他上吊自杀，然后用电毯把尸体裹好，才开车去拉朱鸿。司机外出3小时后回来，先让朱鸿稍候，迅速上了二楼，把尸体上的电毯取下来，故3小时后尸体依然是温的。可见，放在林楷山口袋中的巧克力，也同样因高热而融化。所以，朱鸿看出了司机的阴谋。

308. 那两枚旧邮票乃是价值连城的稀世珍品。那位小姐的伯父是个推理小说迷，他将他的全部财产换成了这两枚旧邮票，留给了他的侄女。

309. 窃贼就是秘书。他使用自己房间饲养的鹦鹉盗走了装饰品，鸟类即使3楼的房间，只要窗户开着就可以自由出入。

那么，现场留下的那支火柴是怎么回事呢？

鹦鹉从窗户飞进房间时，如果鸣叫一声就会惊动家人，为了不让它叫出声，用一支火柴让它叼在嘴里飞进去，鹦鹉发现了桌子上放着闪闪发光的宝石，便丢下火柴换一颗宝石再叼回来。这只鹦鹉受过专门训练，火柴棍上的伤痕正是鹦鹉叼过的痕迹。

可是，再训练有素，鸟类也不懂宝石的价值，它不偷昂贵的宝石，而只叼走了廉价的戒指。使用鹦鹉即使在现场被发现，也会被当作鸟在淘气而放掉。这是罪犯精心策划的。

310. 财宝藏在炮弹里。

遭到"冒险号"的袭击时，穆尔船上的炮弹全部落在小岛的海滩上。

实际上，炮弹本身就是财宝，是用金块、银块制成的不爆炸的炮弹。他们在炮弹里填满了宝石代替炸药。

因此，故意放远射程，让炮弹落在海滩上。让人看上去像在惊惶失措的，好等事后再收回。

海盗基德对此感到奇怪。他想对手再怎么惊慌，也不至于如此偏离目标地乱放一气呀。他注意到了这种巧妙的手段。

311. 因为被射中的右脚是塑胶制的假足。假足的话，不论中多少枪都不会流血的。

312. 注意蚊子。

当天夜晚，梅琦躲在院子里，因为蚊子叮得很痒，所以不自觉地拍打蚊子。

因此，被打死的蚊子留在庭院中，也留下了梅琦的血。

被蚊子刚吸入的血液，因为血液还原性尚未被破坏，所以查得出血型。

只有雌蚊会吸人及动物的血，一次的吸取量约 2~5 毫克左右。雄蚊只吸植物的汁，是素食者。

313. 他先用湿皮绳勒好牛仔，等太阳把牛皮绳晒干后，绳子会收缩，勒死牛仔。

314. 挡在现金运输车前面的轿车和紧随其后鸣着喇叭的客货两用车，都是抢劫现金的同伙。

那么，他们是如何从门锁完好无损的现金运输车中盗出 3 亿日元的呢？

首先，用轿车挡在现金运输车的前方，装作发动机熄火，以便制造作案时间。然后，抓住运输车走也走不了，退也退不得的时机，罪犯从后面客货两用车的底部出口钻出，贴着马路爬到运输车下面，再用小型电动切割机将运输车底部切开个洞盗出现金保险箱。电动切割机的声响被四周汽车的喇叭声所淹没，以致运输车上的保安人员没有察觉到。罪犯盗出现金保险箱后，又原路返回客货两用车中，然后再用对讲机通知前面轿车上的同伙。那女子收到信号后，立即发动车子逃离现场。

315. 是鸽子运来的。

囚犯萨姆每天在铁窗台上撒面包渣儿。在监狱外，其妻放出信鸽，信鸽发现面包渣儿，便向萨姆的牢房飞来。这样反复进行几次，等信鸽记住了单人牢房的位置后，其妻子在信鸽腿上绑上线锯的锉刀，然后放掉信鸽。于是，囚犯萨姆便顺利地搞到了锉刀。

鸽子可在监狱的高墙上自由飞进飞出，而监视墙上的看守是不会想到会传递线锯的。